3分で立ち直る方法

笹氣健治
SASAKI Kenji

文響社

はじめに

つらいときにこそ強い自分になれるチャンス

人生というのは不思議なもので、どんな人にも浮き沈みが必ずあるものです。

乗りに乗って調子がいいときが誰にでも必ずあります。
やることなすことうまくいく。
自分でも怖いくらいに絶好調。
すべて自分のやりたいようにやれるので、毎日がとても楽しく感じられます。

一方で、スランプも必ずやってきます。
それは、どんなに優《すぐ》れた人であっても同じです。
それまではスンナリいっていたことが、なぜかうまくいかなくなる。

なにをやってもなぜか裏目に出てしまう。

「なんとかしよう」と焦《あせ》ると、かえって事態は悪化していき、もうどうしていいかわからなくなる……。

誰だって、イヤな思いをしないで常に気持ちよく生きられたらいいな、と思うもの。

しかし、残念ながら試練は必ず訪れます。

「神様は、なんて意地悪なんだろう」と思いたくもなります。


でも、もし人生の試練が神様の意地悪でなかったとしたら？

スランプの渦中《かちゅう》にあるときは、なかなかそうは思えないかもしれませんが、どうあがいても状況がすぐに改善しないのであれば、今の自分になぜ試練が訪れているのか、その意味を考えてみるのもいいかもしれません。


なぜ、今なのか？

なぜ一年前でも一年後でもなく、今なのか？

この問いに対する答えは人それぞれだと思いますが、共通して言えることがあります。

それは、今こそ自分の心をレベルアップする絶好のチャンスだ、ということです。へこんだとき、つらいとき、そこから立ち直るためには、自分の心を鍛《きた》える必要があります。そのタイミングが今まさにやってきているのかもしれません。


よく聞く話ですが、成功者は必ず挫折《ざせつ》を乗り越えています。試練から目を背《そむ》けずに心を鍛え続けることで、自分にとってベストな成功を手に入れているのです。


では、いったいどうすれば心は鍛えられるのでしょうか？

心を鍛えるというのは、その人の人生観を高い次元に引き上げることだと私は思っています。

従来の思考パターンにとらわれず、新しい考え方を柔軟《じゅうなん》に取り入れていくと言ってもいいでしょう。

そのためにはまず、今までの自分の考え方を点検する必要があります。

その上で、これからも役に立つ部分は残し、見直すべきものは見直す。

そうやって、一段一段、階段を上るように、心を成長させていくのです。


試練に悩み苦しんでいるときこそ、そのチャンスです。

行き詰《づま》っているときほど、自分の考え方のクセがハッキリ現れるからです。

たとえ自分のイヤな部分と向き合うことになっても、それを乗り越えたときに、新しい自分に出会えます。


この本では、心理カウンセリングに用いられる技法を使って、あなたが自分自身を点検し、一つ高い次元の考え方を学ぶお手伝いをします。

見直すべき課題に気づき、自分のペースで心のレベルアップを図《はか》る際の役に立ててください。

目次

第4章　困った相手に振り回されてしまうとき……問題を内から外へ出してみる

第1章

自分に自信が持てないとき……

新しい視点で
自分を眺めてみる

1
なぜ人は自己否定してしまうのか？

「なんで自分はいつもこんなにダメなんだろう……。こんな自分を情けなく思う……」

思わず、このような自己否定をしたくなるときがあります。

こんなときはどう考えればいいでしょうか？

それには、なぜ自己否定してしまうのか、その心理を理解することが役に立ちます。

私たちは誰もが「他人から認められたい」という欲求を持っています。

これを承認欲求と言いますが、承認欲求は、誰かに「優秀だ」とか「すごい」といったプラスの言葉をかけてもらえると満たされます。

成果を挙げているときは、他人からの評価は得られやすいのですが、結果が出ていないときは、他人から評価されにくいために承認欲求も満たされません。


ところで、評価というのは、人から人への関わり合いの一つだと考えられます。

この関わり合いを、心理学の専門用語ではストロークと言います。

テニスやゴルフでも使われる言葉と同じ単語です。


人が最も欲するのはプラスのストロークです。

やさしくされる、励《はげ》まされる、褒《ほ》められるといったものがプラスのストロークです。

これを受けると良い気持ちになります。


しかし、必ずしも常にプラスのストロークが得られるとは限らないのが現実です。

そうなると、私たちはマイナスのストロークでもいいので欲しがるようになります。

マイナスのストロークとは、叱られる、悪口を言われる、批判されるといったものです。

これを受けるとイヤな気持ちになるのですが、何もないよりはマシだと感じます。

ストロークが何もないというのは、まったく無視されている状態です。

無視されるのは、自分の存在の否定であり、とても耐えがたいことなのです。

他人からストロークが得られないのであれば、自分にストロークを与えられるのは自分しかいません。

ところが、そのときはついついマイナスのストロークになりがちです。

他人からのストロークが得られていない自分に対してダメ出ししてしまうのかもしれません。

あるいは、自分の悪い部分を改善しなければ、プラスのストロークを得られないと信じ込んでいるとも考えられます。

これが、自己否定してしまう心の動きです。

もしこの過程でなにか修正できるとしたら、自分で自分にストロークを与える際に、プラスの評価を与えることです。

自分の悪い部分にダメ出しするのは、それだけ成長意欲が高い証拠だと言えます。

少なくとも、常に頑張っている自分には向上心があることは認められるはずです。

あとは、他人からの評価に左右されない自分をつくることが課題です。そのためのポイントは、自分のミッション（使命）を明確にすること。ミッションが明確になっていれば、他人から評価されてもされなくても、自分は自分の道を一歩一歩進むだけだと考えられるようになるはずです。

自分は何のために生きているのか？
自分はどのように世の中に貢献《こうけん》できるだろうか？
自分のミッションは何なのか、この機会にぜひ考えてみてください。

Point

- 自己否定するのは「他人から認められたい」という欲求があるため。
- 他人からの評価に左右されない自分をつくることをめざす。

2

自分を「ダメな人間」と思うのは成長意欲が強いから

ものごとがうまくいかないと、

「自分はダメな人間だ」

と自分がイヤになったり、

「自分には価値がない」

と絶望感が湧いてきて、未来に希望を持てなくなるときがあるかもしれません。


自信が持てない、価値がないと思う……そう思う人ほど「自分は仕事ができる人間でありたい」「優秀な人だと認められていたい」といった成長意欲がある証拠です。

だからこそ、うまくできなかった自分を責めてしまうのでしょう。

成長意欲がある人は、自分の良い部分よりも、欠点や足りない部分に目がいきがちです。そうすることで、より高いレベルの人になろうとしているのです。

自分に厳しい姿勢は、自分が調子の良いときや元気なときには、さらに努力するために役に立ちます。

一方で、失敗が続いたときや落ち込んだときには、自分のやる気を下げてしまう原因になってしまいます。

そんなときは、私からの提案を一つ。

失敗の中に必ず存在している「成果」を探してみてください。

「失敗したのに成果？」と疑問に思うかもしれませんが、失敗の経験を通して「こういうことをすると失敗する」というまずいやり方を学んだのです。これも立派な成果です。

失敗を失敗としてとらえてしまうと、それ以上の進歩はありません。

失敗とは「学び」なのです。

あとは、それを次回どう生かすか、です。

そして、もう一つ取り組んでみてほしいのが、自己評価できる点を探してみることです。
・前回よりもミスが減った
・期限に間に合ったかどうかは別として、とにかく完成できた
・質はともかく、最低限の責任は果たした
このように、必ず評価できる点は見つかるはずです。

すると、少し気持ちが前向きになって「また頑張ろう」と思えるようになります。


そんな低レベルで満足したくない。そう思う人は、毎回自己ベストを更新しないと気が済まないアスリートのようなものです。

当然ですが、そんなことは現実にはあり得ません。

自分が納得いく成果とは、何度もチャレンジを繰り返した末に得られるものなのです。


うまくいかなかったときほど、大きな学びが得られます。

自分はダメだ。そう思ったときこそ、将来の成功の素《もと》を探してみてください。

Point

・失敗が続いたときや落ち込んだときには、失敗の中の「成果」を探そう。
・失敗とは「学び」である。その学びをどう生かすかが重要である。

3

自分の嫌いな部分は言い換える

優柔不断な自分、慌《あわ》てものの自分、ときどき無神経な発言をしてしまう自分……。

誰もが「イヤな自分」というものを、一つや二つは持っているのではないかと思います。

そんな自己嫌悪《けんお》はたいていすぐに消えていくものですが、いつでもそれが引っかかっているると、自分に自信が持てなくなって気持ちが暗くなり、消極的になっていきます。

そんなときに役立つのがリフレーミングです。

リフレーミングとは、専門用語で「認知的枠組みの転換」のことです。「認知的枠組み」とは、その人のモノの見方を意味します。

モノの見方というのは硬直化しがちで、いったんこうと思ったら、それを切り替えるのはなかなか難しいものです。

自分はいつも優柔不断で、周りの人に迷惑をかけている……。このように悪い面にばかり注目してしまうと、前向きになれる要素を見つけられなくなります。

こんなときこそ、リフレーミングによって、自分のプラスの側面に気づく取り組みを行うことをお勧《すす》めします。

たとえば、

「優柔不断なのは、より良い選択をしたいから。自分はとても慎重な人間だ」

といったように、自分の姿勢のプラスの側面をとらえて言い換えてみるのです。するど、選択に時間がかかるクセは変わらなくても、そんな自分もまるでダメな人間ではないことに気づきます。

他にも、慌てものの自分は、「決断が速く、思い切りがいい人間」と言い換えられると思います。

つい無神経な発言をしてしまう自分は、「自分の気持ちに率直」「自分の感性を大事にしている」と言い換えられるかもしれません。

「でも、これってなんだか自分を正当化して甘やかしているような気がする……」

こう思ってしまう人は、「そういうことに気づく自分は敏感さを持っている」「疑問に思ったことを正直に表現できる人だ」と、再度リフレーミングしてみてください。


お気づきの通り、リフレーミングは自分を甘やかすためのものではありません。

自分の肯定的側面に気づいて、モチベーションを上げるのが目的です。

リフレーミングがなにか気休めのように思えるということは、「自分に厳しい人」であり、「自分をより成長させたいと考えている人」です。

自分を否定的に見ることで、自分を成長させようと考えているのかもしれませんが、それは往々にして、単に自分を落ち込ませるだけに終わります。

むしろ、リフレーミングによって自分の肯定的側面に気づくほうが、堂々と胸を張って生きることができる分、よほど意味があります。


「イヤな自分」は、見方を変えると、そこに必ず自分の持ち味とも言える部分があります。

その持ち味を生かしつつ、問題ある部分を修正する。

このように考えるほうが、自分のイヤな部分を改善するにはうまくいくのです。

Point

・「イヤな自分」をリフレーミングして自分のプラスの側面を考えよう。
・自分の肯定的側面に気づくことで、気持ちが軽く前向きになる。

4

劣等感をあっという間に解消する方法

あなたは何か劣等感を持っていますか？

私は、人の顔と名前を覚えることが苦手です。

あ～、この人とはどこかで会ったことあるな～、どこで会ったんだっけ？　と思いながら、適当に会話を合わせることはしょっちゅう。なんとか思い出そうと記憶をたぐり寄せますが、たいていムダな努力に終わります。

このように、記憶力について私は劣等感を持っていました。


ところで、「劣等であること」と、劣等感とは違います。

どう違うかと言うと、「劣等であること」とは、何かが他人よりも劣っているという事実のことです。

一方、劣等感とは、劣等であることを気にしている心理状態のことです。ですから、仮に他人よりも何かが劣っていたとしても、それを気にしていなければ劣等感とは言わないのです。

私の場合は、人の顔と名前をなかなか覚えられないのを気にしていました。ですから、劣等感です。

ここで先ほどの劣等感の定義を踏まえて考えてみると、あっという間に劣等感は克服できることがわかります。

「自分はコレが他人よりも劣っている」と気にしなければいいのです。

私の例で言えば、もしかすると人の顔と名前を覚えられないのは、私だけではないかもしれません。

あるいは、私より覚えが悪い人もいるかもしれませんので、私の物覚えの悪さも、もしかすると平均か、それほどひどくはないのかもしれないのです。

ということは、私が人の顔と名前を覚えられないのは、単なる思い過ごし？

そういうことだって十分あり得るでしょう。

そう考えると、大事なのは、

「自分の劣等感は思い過ごしってことはない？」

と冷静に分析することです。

そして、自分を他人と比較するのは意味がないと知ることも大切です。


人の顔と名前を覚えるコンテストがもしあったとしたら、私は出場できないかもしれませんが、別に出場したいとは思いません。

もし比較するのであれば、その対象は他人とではなく、昨日の自分であるべきです。


自分の劣等な部分（劣等だと思い込んでいる部分）をそのままにしないで、どうすれば改善できるか考えて工夫する。

そうやって昨日よりも今日、今日よりも明日の自分が成長できれば、徐々に劣等な部分も克服されていきます。

すると、いつの間にか劣等感が消えていた、なんてことに気づくかもしれません。

Point

・他人と比較するから劣等感が生じる。自分は自分なのだから比較は無意味。
・自分の劣っている部分は、日々努力を重ねて地道に改善していくしかない。

5

知らないうちにやってしまう自分の「ディスカウント」

「ディスカウント」と聞くとディスカウントストアをすぐに思い浮かべる人が多いかもしれません。

定価から値引くのがディスカウントですが、心理学にも「ディスカウント」という専門用語があります。

たとえば、成果を挙げるためにチームのメンバーと協力すればいいところを、「自分はあんまり人づき合いが得意じゃないから、チームの輪に入れなくてもいいんだ。それでもなんとかやっていけるし……」と考えているとしましょう。

これは、自分の能力をディスカウント（値引き）しています。

5

知らないうちにやってしまう自分の「ディスカウント」

「得意じゃないからやらない」と考えているのは、自分の可能性もディスカウントしていることになります。そして、不得意なコミュニケーションを改善するために学ぼうという行動もディスカウントしています。

さらに言えば、「このままではヤバイかも」と予測できるところを「なんとかなる」と思い込んでしまうのは、将来のリスクまでもディスカウントしているのです。

別のケース、

「あの人のことはホトホト迷惑なんだけど、どうせ何を言ってもムダ」

とあきらめているとしたら、この時は、「あの人」に注意するという自分の行動をディスカウントしています。

また、「あの人」が持っているかもしれない「非を自ら認める謙虚さや素直さ」もディスカウントしていると言えます。

私たちはついつい日常的にいろんなことをディスカウントしています。

ディスカウントしていると、なかなか問題解決の核心部分に到達できず、いつまでたってもグチを言い続けたり、悪口を言い続けることになります。

人間関係で何か悩みや問題が生じたら、

「自分は何かをディスカウントしていないだろうか？」

と考えてみてください。


自分の能力をディスカウントしていないか？

自分の行動をディスカウントしていないか？

相手の能力をディスカウントしていないか？

問題が存在することをディスカウントしていないか？

その問題を放置することの危険性をディスカウントしていないか？

問題が解決できる可能性をディスカウントしていないか？


このように自問自答して、自分が何かをディスカウントしていることに気づいたらディスカウントをやめてみましょう。

それには、自分や相手を信じてみることです。
可能性を信じてみることです。
行動を起こしてみることです。
ディスカウントをやめることで問題解決の方向性が見えてきます。

Point

- 問題が解決しないときは、自分が何をディスカウントしているか考えよう。
- ディスカウントしていたことに取り組んだ先に問題解決がある。

取り返しのつかないミスをしてしまった！

「会社でミスをしてしまいました。このままでは会社や同僚に迷惑をかけてしまう……。そう思うと、気が動転して何をどうしていいかわかりません」

今、大事なのはこれから何をすべきかを考えることです。それは、被害を最小限に食《く》い止めることだったり、自分のミスを取り返すことかもしれません。

いずれにしても、いち早く気持ちを切り替え、冷静になって適切な判断をする必要があります。

とは言っても、そう簡単には気持ちが落ち着かず、動揺がなかなか治まらなかったりします。「落ち着かなきゃ」と思えば思うほど、焦りは拡大していきます。

このままでは、さらにミスを積み重ねて、事態がもっと悪化してしまうことにもなりかねません。

こんなとき、自分の気持ちを鎮《しず》めるために役立つ方法があります。

動揺を抑え込もうとするのではなく、逆に、素直に認めてしまうのです。

具体的には、

「大きなミスをして周りに迷惑をかけたのだから、動揺して当然だ」

といったように、自分の動揺を肯定します。

自分の感情を自然な反応として肯定すると、動揺が少し治まっていくことに気づくはずです。

この「〇〇なんだから、〇〇して当然だ」というフレーズは、いろいろな場面で役立つので、ぜひ使ってみてください。

たとえば、ミスで動転してしまい、冷静な判断ができなかった自分を悔やむときなどは、「気が動転したら、誰だって冷静な判断ができなくて当然」と考えるといいでしょう。

さらに、自分自身にねぎらいの言葉をかけると効果的です。

「人間だから、動揺することがあって当然。
むしろ、それだけ事態は深刻なのだ。
だから、なかなか気持ちが落ち着かないのは当たり前のこと。
極めて人間らしい反応と言える。
そして、そんな状況にあっても、なんとか挽回《ばんかい》しようと頑張る自分がいる。
自分はよくやっているじゃないか！」

自分の中に湧き上がっている感情を否定しても、何もいいことはありません。
感情は、自分ではコントロールできない自然な反応です。
むしろ、その感情をありのままに受けとめる。
そのほうが、落ち着きを取り戻すには早道です。

第2章

人に認めてもらえないとき……

自分が自分の一番の理解者になる

6

自分一人で頑張るしかないと思い込んでない？

「誰も私のつらい気持ちをわかってくれない！」
こんなふうに思ったことはありませんか？

誰も助けてくれない……
誰も頼る人がいない……
自分一人で頑張るしかない……

孤軍奮闘《こぐんふんとう》の状態を自分一人で乗り越えなければならないのは、とても苦しいものです。
こんなときはまず、つらい中、なんとか耐えて頑張っている自分に対し、

6

自分一人で頑張るしかないと思い込んでない？

「自分はよくやっている」

と、ねぎらってください。

精神的にも、体力的にも苦しい中、それをなんとかしのいでいるあなたは、強い精神力と忍耐力を持っている人なのでしょう。

これまで何度も苦しい状況を乗り越えてきたことを思い出してみてください。

自分一人の力だけで逆境を乗り越える。それは、誰にとっても大変難しいものです。

それでもなんとかやってこられました。

あなたにはそれだけの能力がある証拠です。

今ちょっと弱気になっているのは、つらい状況がずっと続いているために、一時的に耐え切れなくなっているだけです。

最も大切なのは、まず自分が生き残ること。

今は自分一人で責任を背負い込むのをいったんやめて、誰かに助けを求めてもいいときかもしれません。


誰にだって、弱音を吐いてもいいときがあるのです。


あなたの周りには、喜んであなたを助けたいと思っている人がいます。

でも、あなたがなんとか乗り越えてきているのを見て、つい助け舟を出しそびれているのかもしれません。

あなたを助けたくて、あなたから協力を求められるのを待っている人。それは誰ですか？

ご両親？

兄弟？　姉妹？

友人？

恋人？

上司？　先輩？

後輩？


え？　誰に頼ってもムダ？

もし、そう思うんだったら、試しにムダかどうか頼んでみるのも一つの手ですね。

ダメ元で頼んでみるのです。

ダメ元ですから、もし助けてくれなかったとしても、がっかりすることにはならないはず。

今まで誰にも頼らずに、一人でやってきた人は、この際ですから、思いっきり弱音を吐いてみる、というのはどうですか？

Point

- 自分の力だけでは逆境を乗り越えられないときもある。
- 一人で背負い込むのをやめて、誰かに助けを求めてもいい。

7

相手への不満を解消するカギは自分にある

誰かに対して不満な気持ちを持ち続けると、不満が不満を呼んで、その人との間のわだかまりはどんどん大きくなっていきます。

最終的には、「もう顔など見たくもない」といった気持ちになってしまいます。

「だって、あの人はちっとも私のことを理解しようとしてくれないんだ」

確かに、相手の側に問題があるのかもしれません。

しかし、認めたくないかもしれませんが、実は、このイヤな感情の原因の一部は、あなた自身にもある……と言えるかもしれません。

7

相手への不満を解消するカギは自分にある

「私の考えはこうだ」ということをきちんと伝えていないからこそ、相手はこちらのことを理解できないとも考えられるのです。

本当にわかってほしいのであれば、素直に自分の考えを相手に伝える必要があります。自分から伝えることをいっさいせず、相手に察してほしいと思うのは、ムシがよすぎると言うものです。

「それくらいわざわざ言わなくても察してほしい」と思いたい気持ちはよくわかります。でも、もしも、相手も同じようなことをあなたに対して思っていたとしたら、どうでしょうか？

他人にわだかまりを持っているときには、その相手に対して自分の考えをちゃんと伝えているかどうか思い返してみてください。

「どうせ言ったってわかってもらえない」

と思うこともあるでしょう。

でも、そう思っていたままでは、相手にわかってもらう可能性を自ら放棄《ほうき》してしまっていることになります。

自分の考えを伝えるのがムダだとあきらめるのは、実際に試してみてからでも遅くはないと思うのですが……どうでしょうか？

「自分はこう思っている」と素直に言えないのは、もしかすると自分の中に負《お》い目があるのかもしれません。

「自分もちょっとワガママかな……」とか「自分もたまに相手を傷つけているかも……」といったようなことはないでしょうか？

もしそうだとしたら、まずはそんな自分の態度を改めましょう。

自分の中に負い目がなくなれば、堂々と自分の気持ちを相手に伝えられるようになるはずです。

Point

・不満をきちんと伝えなければ相手は気づかない。
・言ってもムダだとあきらめずに、試しに伝えてみよう。

8

上司の態度にどうしても納得できないときは、頭の中で謝らせる

自分では間違っていないと思うことを一方的に非難されたり、叱られたり、ということが職場ではあります。

もしかしたら、家庭や友達関係でも、そういった状況に陥《おちい》ることがあるかもしれません。「いや、これでいいんだ。私は間違っていない」と強く言い返せればいいのですが、それができないと、ストレスがたまっていきます。

あるとき、若い編集者さんと食事したのですが、少しお酒が入ったせいか、こんな悩みを打ち明けてくれました。

8

上司の態度にどうしても納得できないときは、頭の中で謝らせる

「いまどきはとりあえず連絡はメールじゃないですか？　それなのに、うちの上司は、メールじゃダメだ、電話で連絡しろって言うんです。

このあいだも、とりあえずの報告をメールでしたら、みんなの前で叱られました。なにも怒鳴《どな》ることはないと思うんですけど……」

確かに怒鳴ることはないかもしれませんが、「メールで連絡した」ことによってなにか不都合があったのかもしれません。

なので、ここはその上司と編集者さんとどっちが正しいのかの話は脇に置いて、一方的に決めつけられるように言われたことに対して、どうすればストレスをためずに解消できるかを考えてみましょう。

まず私が勧めたいのは、自分の言い分を肯定《こうてい》することです。

頭の中で次のようにイメージしてみてください。

その上司が今、目の前に座っています。
そして、驚くべきことに、上司があなたに対して謝罪をします。
その上司はどんな謝罪をするのでしょうか？

たとえば、次のような感じかもしれません。
「怒鳴って悪かった。本当にスマン。確かに、用件がちゃんと伝わればいいので、あんな怒り方をする必要はなかったよな。ゴメン……」

イメージの中では、立場は完全にこちらが有利です。
上司が頭を下げて謝っているのを見ながら、さらに次のように考えてみましょう。
その上司はどんな言い訳をするか、と。

「でもな、俺はやっぱりメールでの連絡は相手には失礼だと思うんだ。ちゃんと声で伝えるのがマナーだと思う。それに、メールだと相手が読んだかどうかわからないじゃないか」

8

上司の態度にどうしても納得できないときは、頭の中で謝らせる

いつもの強い口調ではなく、遠慮がちで弱々しい言い訳です。

さて、ここで自分の内面に湧き上ってくる感情に注目してみましょう。

まだ怒りが治まらず、もっとガツンと言ってやりたい気持ちがあったとしたら……そういう人は、日頃から上司に対して理不尽《りふじん》な思いを感じていて、それが蓄積しているのかもしれません。

反対に、上司がちゃんと反省しているのであれば、もう許してあげてもいいかな、という気持ちになっていたとしたら……その上司は「相手に失礼なことをしないように、しっかり仕事をしよう」といった意識を持っていた、と気づくかもしれません。

考えてみれば当然ですが、上司は上司なりのビジネスマナーに対するこだわりを持っています。

そのこだわりが強いあまりに、思わず怒鳴ってしまった。そう考えることもできます。

もちろん、こちらだって、同じようにしっかり仕事をしようという意識は持っています。

ただ、ビジネスマナーに対するこだわりが二人の間で異なっていただけなのです。

世代も経験も違うので、こだわりが異なっていて当然。

そう考えると、大事なのは、一緒に働く者同士、どうやって意識統一していくか、ということになります。


もちろん、現実の上司はこんなふうに謙虚に歩み寄ってはくれないでしょう。

だったら、こちらがまず、その上司の言う通りにやってみることです。

上司のやり方を実際に試してみて、上司のこだわりを体験してみる。

そうすることで、上司がなぜ自分のビジネスマナーにこだわるのか、その気持ちを理解できるかもしれません。


上司が歩み寄ってくれなければ、こちらから歩み寄る。

それが、お互いの意識をすり合わせる第一歩になります。

Point

・上司は自分のこだわりを部下に押しつけるものである。
・上司の言う通りに仕事をやってみて、上司のやり方を試してみよう。

9

自分で自分を評価するとやる気が湧いてくる

「頑張っても頑張っても、会社はちっとも評価してくれない」

このような不満を持っている人は少なくないと思います。

昇給や昇格があればそれはそれで嬉しいですが、まず望んでいるのは「よくやった」という評価の言葉でしょう。

しかし、よく考えればわかることですが、評価するかどうかは相手次第です。

それに「やって当然」と思うことに対して、人は「よくやった」といった言葉をなかなかかけられないものです。

ということは、評価がもらえていないのではなく、「やって当然」と思われていることしかやっていない。そう考えることもできるかもしれません。

つまり、評価してもらえない現状は、相手だけではなく、こちら側にも原因があるのです。


自分の頑張りを評価されると、モチベーションが上がります。

しかし、他人が評価してくれないのであれば、自分で自分を評価するしかありません。

ところが、それが意外に難しい。

「自分を評価すると言っても、どこを評価していいかわからない」と考え込んでしまう人も多いはずです。

会社は評価してくれないと不満を持ちながら、実は自分でも自分を評価できないのです。


では、いったいどうすればいいのでしょうか？

お勧めは、小さな成功体験を意識することです。

「小さな成功」ですから、会社から表彰されるような輝かしい業績である必要はありません。上司や同僚から一目置かれるような素晴らしい成果でなくて結構です。毎日ちょっとした目標を設定し、その達成を評価するのです。

・新商品の提案書をつくった
・期限までに報告書を提出した
・仕事に役立つ本を一冊読み終えた

このような仕事関連でも構いませんし、仕事以外で取り組んだことでも構いません。

・今月は英会話を休まなかった
・今週は二回もスポーツクラブに行って汗を流した

「小さな目標を設定して達成する」という成功体験を繰り返すことで、想像以上に自分に自信とやる気が湧いてくるのに気づくはずです。

この目標設定は頭の中だけでやるのではなく、紙に書き出して目で見て確認できるようにすると、さらに効果があります。

その日に達成できることを毎朝いくつかリストアップしたり、数日から一週間程度で終えられることを紙に書き出して机の目に見えるところに貼っておく。

そして達成したら、達成したという印をつける。

この印をつける瞬間に、「よくやった！」と自分に向かって心の中で語りかけたり、「よし！」と小さくガッツポーズをするというのも良いアイディアです。

この取り組みをすると、毎日の小さな努力が確実に報われていることがわかります。

すると、「こんな自分も捨てたものじゃない。よくやっている」と思えるようになってきます。

そうやって、自分の努力が報われた感じを持てると、「もう少し頑張ってみようかな」と思えるようになります。

Point

・毎日の小さな目標をクリアして達成感を味わおう。
・小さな成功体験の積み重ねが大きな自信につながる。

空気が読めない！

「あなたは空気が読めない人だね、と言われました。自分では、よくわからないのですが、私が話したあとで、その場の雰囲気がガラッと変わってしまったりします。さっきまでみんなで大笑いしてたのに、突然、だまってしまったり……直さなきゃいけないと思うのですが、どう直していいのかもわからず、悩んでいます」

「空気が読めない」と指摘されてしまったら、いったいどうすればいいでしょうか？

選択肢は二つです。

周りにどう思われようと、いっさい気にしないで今のままの態度を貫《つらぬ》く。

あるいは、再び注意されないように自分の態度を改める。この二つです。

もし本気で自分の態度を改めようと思ったのであれば、まず大切なのは、指摘された内容を具体的にして明確化することです。

場の雰囲気が変わった直前に、自分がどのような言葉を発したかを正確に思い出してください。

それをハッキリさせなければ、どこをどう直せばいいかを考えることはできません。

その上で、その指摘は自分でも納得できるかどうかを考えます。

「なるほど、確かに私は空気が読めていなかった」と思えたときは、自分の態度を見直すチャンスです。

「今後また同じような場面に遭遇《そうぐう》したときには、どうすればいいだろうか?」と考えてみてください。

たとえば……

・思ったことをすぐに口に出すのではなく、いったん心の中で唱《とな》えてみる

・その発言によって周りの人がどんな反応をするかを推測してから話す

といったアイディアを思いつくかもしれません。

それを忘れないように紙にメモして、毎朝眺《なが》めてみるといいでしょう。

一方で、もし「空気が読めない」という指摘が納得できない場合。

自分の態度は正しいと自信を持って言えるのであれば、あえて改善する必要はないかもしれません。

相手の注意のほうが間違っていることだってあるからです。

「納得できない。あるいは、自分の発言のどこが空気が読めていないのかわからない。けれども、相手の指摘にも真摯《しんし》に耳を傾けてみようかな」と思えたとしたら、それはとても素晴らしいことです。

そのときには、徹底的に相手の立場になって考えてみることが役に立ちます。

相手はそのときに何を望んでいたのだろうかと、相手の期待を推測してみるのです。

すると、自分の言動が相手の期待を邪魔していたことに気づくでしょう。

一方、自分の言動にも、自分がそうしたいという期待がベースにあります。

つまり、自分の期待と相手の期待がぶつかり合っていたことがわかります。

空気が読めないと言われる人は、たいてい自分の期待のほうを優先しています。

ですから、自分がこうしたいと思うことよりも、相手がこうしてほしいんだろうなということを常に考えるように心がけてみてください。

あとは自分がその相手とどうなりたいか、です。

今後もおつき合いするのかどうか？

おつき合いするのであれば、どれくらいの密度か？

このスタンスを決めることで、自分がとるべき態度を決められるはずです。

第3章

人間関係がうまくいかないとき……

もういちど相手を信じてみる
相手のつらさを受けとめる

10

不満を振りまく人は一人で泣いている子どもと同じ

前の章で、「誰も私のつらい気持ちをわかってくれない！」と思ってしまうときのことを書きましたが、逆の立場になったら、どうしたらいいでしょうか？
自分の不満ばかりを振りまいて、自分だけがつらいと思い込んでいる人。そう、被害者意識を持っているアノ人がそばにいるときです。

そんな人を見ていると、思わずこっちも言い返したくなります。
「つらいのは、あなただけじゃないのよ！」

本人にしてみれば、確かに大変な思いをしているのでしょう。

でも、それをストレートに表現されたら、周りにいる側としては、助けてあげたいと思うどころか、勝手にすれば!? と言いたくなってしまいます。

少し気持ちを切り替えて冷静になってほしい。そう思っても、そんなに簡単には変わるものではありません。

こんな人にはどう接すればいいでしょうか?

とにかく無視するのが、まず考えられる接し方です。

なるべく近づかないようにして、もしもグチを聞かされそうになったら、素早く逃げる。こうすれば、不快な気持ちにされてしまうのを回避《かいひ》できます。

もう一つの接し方は、ひたすらサンドバッグになってあげる。

相手の怒りや悲しみが解消されるまで、トコトンつき合う。特に自分にとって大切に思う人であれば、こちらが少しは我慢してもいいかな、と思えるかもしれません。

さらに、第三の接し方があります。

それは、大人の態度を持つこと。

実は、「誰も私をわかってくれない！」とグチる人の気持ちは、一人ぼっちで泣いている子どもと同じなのです。

「どうしていいのかわからない。誰か私のことを助けて！」

こう訴えているのです。

一人ぼっちで泣いているのですから、まずは受けとめてあげましょう。

「私はあなたがつらいのを知っているよ。だから、怒りや悲しみを周りに振りまくのも仕方ないんだよね」

このような大きな心で接すると、相手も少し落ち着いてきます。

そうしたら、大人として次のように言いましょう。

「私にできることある？」

「私にやってほしいことある？」

「じゃあ、これを手伝って」と頼んでくる人もいるでしょうし、「特にないです」と答える人もいるでしょう。

いずれにしても、大人の態度で接するとつらいつらいと一人で嘆《なげ》いてばかりいた態度が、問題の解決に向けて徐々に切り替わっていくはずです。

Point

- 泣いている子どもに接するように大きな心で受け止める。
- 前向きに変えるには、「私にできることはあるか？」と尋ねてみる。

11

人を育てるには、最後まで任せる覚悟が必要である

部下や後輩に仕事を任《まか》せるとき、

「あなたのことを信頼して任せるから」

と言っておきながら、

「ちゃんとやってる？　大丈夫？」

……なんて、事あるごとに確認していたとしたら要注意です。

「大丈夫？」と確認するのは、「私はあなたのことを信頼していない」というメッセージを無意識レベルで発信していることになるからです。

表面的には「信頼する」と言われても、態度からは「任せるのが心配だ」というメッセージが伝わると、言われた側は、自分が信頼されているのか信頼されていないのか、どちらなのかわからなくなってしまうのです。

これを専門用語でダブルバインドといいます。

このような場合、言われた側は、自分にとって都合の良いほうのメッセージを受けとってしまうことが多いようです。

自分一人で仕事をこなす自信のない人であれば、「何かあったら、どうせ助けてくれるだろう」と甘えが生じてしまったり、自分で責任をとろうという意識を持たなくなります。

本当に信頼するというのは、相手に最後まで任せることとです。相手がもし期限までに仕事を終えなかったとしても、その責任をこちらが請《う》け負う覚悟が必要です。

このことは、次のような場面を想像すると理解できると思います。

いつも寝坊している子どもに対して、「これからは毎朝自分一人で起きなさい」と言いながらも、「まだ寝てるの！　早く起きなさい」と起こしに行く。

親のこのような態度によっては、子どもは「最後は親が起こしてくれるから大丈夫」という甘えを持ってしまいます。

これをやっているうちは、いつまでたっても子どもの朝寝坊は直らないでしょう。

寝坊して遅刻する責任は本人にとらせるべきであり、親がその態度を貫くと、やがて本人の自覚が育つことになります。

実際に寝坊して「どうして起こしてくれなかったの？」と文句を言われても、「もう起こさないって言ったでしょう」と突き放すことによって、子どもの中の確かな自覚が生まれるのです。

これは、子どもが大人として成長するために必要な親の態度です。

同じように、後輩に対しても、最後まで任せる覚悟が必要です。

もちろんお客さまに迷惑がかかる事態が起こってはいけません。

今回は後輩に最後まで任せるつもりだと上司にあらかじめ伝えつつ、何かあったときには自分がフォローできる態勢をつくっておいて、大きな問題にならないように準備しておくべきです。

面倒くさいことだと思うかもしれませんが、人を育てるということは、そういうものです。

そしてなにより、これは自分自身が鍛えられる絶好のチャンスなのです。

Point

- 相手を信頼して任せたら、途中で口出ししない。
- 陰で見守りながら、いつでもフォローできる準備をしておく。

12

「でも」が口癖になっている人の心理

こちらが何か注意すると、必ず「でも……」と言い返す人って、いませんか？

「でも、私はこう思います」
「でも、あなたは以前こう言いましたよ」
「でも、あの人はこう言ってます」

こんなふうに言い返されたら、思わず「つべこべ言い訳しないで、素直に聞いてよ！」と言いたくもなります。

12

「でも」が口癖になっている人の心理

「でも……」というのは、自己主張の言葉です。

「自分はこう考えている」という意見を言いたくてしょうがないのです。

自分の意見を言いたいのは、自分のことをわかってもらいたいから。

自分のことをわかってもらいたいと思うのは、今はわかってもらえていないと思っているから。

つまり、自己主張の裏には、「自分はわかってもらえていない」という気持ちがあるのです。

そんな人に、「つべこべ言い訳するな」とか「素直に聞け」と言い放つのは、「自分はわかってもらえていない」という被害者意識を増幅させるだけです。

では、こんな人にはどう接すればいいのでしょうか？

対応の方向は二通りあります。

もし「この人の気持ちを汲《く》んであげよう」と思うのであれば、じっくり話を聞いてあげましょう。

たとえば、指示通り仕事をしなかったことを注意するとき。

「どうして指示通りしなかったの？」といったように理由を問い詰めてはいけません。相手は非難されているように受けとってしまい、なんとか自分を守ろうとして言い訳を考えてしまいます。

そうではなく、

「そのとき、どういう状況になっていて、どういうふうに考えたか教えて？」

と、何があったのかを聞いてください。

実際に何があったのかを根気よく聞き続けることで、次第に相手も言い訳ではなく、今後どうすればいいかを前向きに考えられるようになります。

ただし、そうなるまでは、相手がいくら言い訳をしても根気よく聞き続ける姿勢が必要です。

もう一つは、「この人の気持ちを汲んであげよう」とは思えないときの対応です。

たとえば、会社の新人で、素直じゃなくて生意気な人。人間的にどうしても面倒を見たくないと思えてしまう人。そういった人には、どうしても「気持ちを汲んであげよう」と思えないのは当然のことです。

こんな人には、今まで通りの対応でOKです。

「『でも……』は禁止！」と厳しく言いながら、つべこべ言わさずやらせる。

ただし、なおさら「自分はわかってもらえていない」という気持ちが強まり、居場所がないと思うようになって会社を辞めてしまったり、あなたの元から去ってしまう確率は高くなります。

その相手があなたにとってどれだけ大切かどうかで、対応が決まります。

Point

- 「でも」は自分をわかってもらいたいという自己主張の言葉。
- 相手の言い訳を根気よく聞き続けると、言い訳は言わなくなる。

13

相手のために何かをするということ

「自分がしてほしくないことを他人にしてはいけない」

「自分がしてほしいことを他人にもしてあげなさい」

このようなことがよく言われますが、私はこの言葉に違和感を覚えます。

というのも、この言葉を表面的にとらえて行動してしまうと、かえって相手にイヤな思いをさせてしまう可能性があるからです。

「自分がしてほしくないこと」

「自分がしてほしいこと」

13

相手のために何かをするということ

これらは、自分の価値観を基準に考えたことです。

「自分だったらこれはしてほしくない」と思ったとしても、相手も同じように思うとは限りません。逆に「自分だったらこれをしてほしい」ということも、必ずしも相手にとって同じとは限りません。

つまり、相手が本当に「してほしい」と思っているのか、「してほしくない」と思っているのか、それは考慮されておらず、こちら側の価値観を押し付けているのです。

このような考え方によって満足するのは相手ではなく自分です。

他人のために何かをする場合、それが自己満足のためかどうかは、自分に湧いてくる気持ちを観察すればわかります。

自分が何かをしてあげたことに対して、もしその人が満足しなかったとき、「感謝の一つもないなんて常識がない」と思ってその相手のことを批判したくなったとしたら、それは相手のためではなく自己満足のためだったという証拠です。

もし、本当に相手のことを考えるのであれば、主語を「自分が」ではなく、「あの人が」に変えるべきでしょう。

たとえば、

「あの人がしてほしくないことを、してはいけない」

「あの人がしてほしいことをしてあげよう」

と言い換えて、相手の気持ちを想像して行動する。そのほうが、相手にとって喜ばしいことになるはずです。

「あの人はこんなことをしてほしいと思っているかもしれない。だから、やってみよう」

「こんなことをしてあげたら、あの人は喜ぶだろうな」

「こんなことをしたら、あの人はイヤな気持ちになるかもしれない」

こう思って行動しているときは、自分がしてあげたことによって、その相手が喜ぶかどうかは気になりません。

自分が相手のために何か役に立ちたいと思って、それをしてあげているからです。

もし相手が満足しなかったとしても、

「じゃあ、どうすれば満足させられるだろうか？」

と考えて、もっと別の何かをすることになるでしょう。

相手に対する貢献の気持ちを引っ込めはしないはずです。


このように考えるのが、本当に相手のことを考えている姿勢だと言えるのではないでしょうか。

Point

- その行為は本当に相手のためなのか、自己満足のためなのか？
- 相手がしてほしいことは何なのか、相手の気持ちを想像して行動する。

14

人間関係で迷ったときの戦略

いい人なんだけど「ウザい」……と思うこと、ありませんか？

後輩と飲んだときに、そんな話になりました。

彼の言い分をそのまま載せるなら、

「直属の上司は、とても部下の面倒見がよくて、残業のときにはケーキや栄養ドリンクを買ってきてくれるんです。でも、ときどきちょっとウザい……んですよね。

あんまり気を遣わないでくださいと言って関係を悪くするのもまずいし、いい伝え方ってありますかね？」

この上司の行為だけをとらえると、部下にとっては大変ありがたい存在に見えます。
でも、それをウザいと感じるということは、何か違和感があるのでしょう。
親切を押し売りするような感じ、機嫌をとって手なずけようとする感じなど、何か下心のようなものが伝わってくるのかもしれません。

このように、相手との関係を何とか変えたいのに、どうしていいかわからないときには、ぜひ次のことを考えてみてください。

「今後、その相手とどういう関係になりたいのか?」

その上司とは仕事上だけの割り切ったつき合いをしていくのか?
一緒に気持ちよく働ける関係になりたいのか?

これを明確にすることはとても重要です。

今後も仕事上のつき合いだけの場合、実害がないのであれば、ウザいのは我慢するという選択ができます。

ケーキや栄養ドリンクはありがたく頂戴すればいいのです。もちろんそれは、その上司の好意ですから、何か特別なお返しをしなければと考える必要はありません。

仕事をきっちりこなせばいいだけです。

一方、一緒に気持ちよく働ける関係になりたいと思うのであれば、意を決してこちらの思っていることを言う必要があるでしょう。

そのときは、うまい言い方を探すために上司のタイプを考えます。

他人の指摘を謙虚に聞くタイプなのか？
他人の意見を自分にとって都合よく解釈して受けとるタイプか？
他人の意見にはまったく耳を貸さないタイプか？

謙虚に聞くタイプの人への言い方は比較的簡単です。

たいてい何を言っても大きな問題になることはないでしょう。

ただし、このタイプは傷つきやすい人が多いので、あまり直球で批判的に言わず、やんわりと「私だけそう思うのかもしれませんが……」と前置きをしてから指摘するのがいいかもしれません。

二つめの、自分にとって都合よく解釈して受けとるタイプの場合、何を言ってもムダに終わる可能性は高いです。

このタイプは自分が傷つきたくないので、他人の意見を正面から受けとりません。

三つめのまったく耳を貸さないタイプも、「傷つきたくない」という心理は二つめと同じです。心のどこかで自分が否定されることを恐れていて、自分の身を守るために自己正当化しているのです。

正直言って、あとの二つのタイプの場合は、こちらの思いを伝えるのはやめたほうがいいでしょう。
ウザいと感じることを我慢するのは、決して逃げではありません。
むしろ、「気持ちが通じない人と対峙《たいじ》しない」という賢明な選択だと言えます。

Point

・今後その相手とどういう関係になりたいのかを明確にする。
・相手はどんなタイプなのかを考えて、そのタイプに合った対応をする。

話がくどいと思われている！

「ついついしゃべり過ぎてしまいます。お客様に説明するときや、会議で報告するときなど、あれもこれもしゃべらなきゃと焦ってしまって、とりとめもなく長々と話をしてしまうのです。『結局、あなたは何が言いたいの？』と上司から突っ込まれたり、同僚からは、『話が長い』『くどい』とよく言われます。どうすれば、簡潔にしゃべれるようになるでしょうか？」

説明がとりとめもない、話が長い、くどい……このようなしゃべり過ぎの背景には、「自分のことをわかってもらうためには、しっかり説明しなければならない」という心理があります。

自分のことをちゃんとわかってもらいたいからこそ、しっかり伝えようとして、ついしゃべり過ぎてしまうのです。

自分の考えを正しく伝えるために、多くの情報を与えようと意識するのはもちろん大切なことです。

ところが、現実には、しゃべり過ぎてかえって伝わらなくなる場合もあります。

必要以上の情報は混乱を生みますし、肝心なことが埋もれてしまうからです。

そもそも情報の伝達は、話し手と聞き手のお互いが協力して行う作業です。

それなのに、話し手が一方的にしゃべるのは、相手の立場を考えず、自分のことだけを考えている自己中心的な行為とも言えます。

伝えるだけが目的ではなく、理解してもらうことが本来の目的のはず。

だからこそ、相手がちゃんと理解するようにしゃべらなければなりません。

そのために大切なのが、相手の反応を見る余裕を持つことです。

落ち着いて相手の反応を見ながらしゃべることができれば、ちゃんと理解してくれているのかどうかがわかり、相手の理解に応じて必要な情報を提供できます。

「でも、なかなか余裕が持てないんですよね……」という人は？

そういう人の課題は、まず「他人を信用すること」です。

「他人をみくびらないようにする」と言い換えてもいいかもしれません。

しゃべり過ぎてしまうのは、相手の理解力を過小評価しているからと考えることもできます。

詳しく、わかりやすく説明しないと、この人には理解してもらえないのではないかと無意識のうちに疑っていませんか？


さらに言えば、自分自身を信用することも課題です。


「自分は説明がうまくない」「説明が不明瞭だ」と思っているとしたら、自分の表現力を過小評価しているかもしれません。

自分は説明がヘタだと思っている人ほど、そんなに説明がヘタではなかったりします。

むしろ、自分はヘタだと思っていない人のほうが怪《あや》しいものです。

それに、もし説明がうまくいかなくても、たいていの場合、聞き手がその部分を補って理解してくれたり、わからないところは質問してくれるものです。

自分を信じ、相手を信じる。

ついしゃべり過ぎてしまうと悩んでいる人は、「これできちんと伝わるだろうか」と不安に思うくらい簡潔に話をするようにしてみるといいかもしれません。

簡潔に話したほうがうまく伝わるという実感が徐々に持てるようになれば、しゃべり過ぎもきっと改善されるでしょう。

第4章

困った相手に
振り回されてしまうとき……
問題を内から外へ出してみる

15

言いづらいことを伝えるときに使える魔法のフレーズ

その日の気分によって、機嫌がいいときと悪いときの差が極端、という人とはあまりおつき合いしたくないものです。

特に、機嫌が悪いのを八つ当たりされても文句が言えない相手——たとえば毎日顔を合わせる直属の上司——の場合には、本当に困ります。

人の上に立つ人であれば、自分の感情くらいちゃんとコントロールしてほしい。

そんな文句の一つも言いたくなります。

こんなときは、いったいどうすればいいのでしょうか？

他人に煩《わずら》わされているときに忘れてはいけないのは、「自分にできることと、本人にしかできないことがある」という現実です。

上司の機嫌の悪いのは、上司本人の問題であり、第三者にはどうすることもできません。感情をコントロールするかどうか、部下に当り散らすかどうかは上司次第です。

このような状態でこちらにできるのは、考えや気持ちを上司に伝えることだけです。

・上司の不機嫌な態度に仕事がやりづらい
・当り散らされると仕事をやる気がなくなる

こういったことを上司に認識してもらうところから始めましょう。

もちろん伝えるタイミングや伝え方は慎重に考えなければなりません。

「私たちに当り散らさないでください」と直接的に言っても、あまり効果はないどころか、火に油を注ぐことにもなりかねません。

そういうときは、上司の機嫌が悪いときではなく、感情が安定しているときを見計らい、冷静になって、淡々と伝えることがポイントです。

その際は、部下の代表者二名程度で話しに行くのがいいでしょう。

一人だけだと、その人だけが上司から恨《うら》まれる危険性があります。

逆に、大勢で行くと、直談判《じかだんぱん》するような格好になって上司も身構えてしまい、素直に耳を傾けてくれなくなります。

あとはどう伝えるかですが、いざ上司と向き合う場面になると、「でも、やっぱりなかなか言いづらい……」と思うかもしれません。

そんなときは、

「とても言いづらいことですが……」

と「言いづらい」という気持ちから、まずは伝えましょう。

あるいは、

「どうしても聞いてもらいたいことがあるのですが……」

といったように、自分の素直な気持ちを前置きにして話し始めるといいでしょう。

上司にしてみれば、「私たちに当り散らさないでください」と指示的に言われるよりも、「仕事がやりづらくなる」と気持ちを伝えられたほうが心に響きます。

気持ちを伝えられたら、あとはその上司が本気になって部下のことを考えてくれるかどうかに期待するだけです。

Point

- 相手の問題は本人にしか対処できない。
- こちらにできるのは、考えや気持ちを率直に伝えること。

16

つらいときは徹底的に自己弁護する

相性の悪い人というのは、必ずいるものです。

同僚と同じことをしているつもりなのに、あの上司からなぜか自分だけが叱られる。

自分では一生懸命に仕事をしているつもりでも、叱られてばかり……。

「叱るのは期待している証拠」とはよく聞くけれど、最近はもう耐えられなくなって、やる気も失《う》せてきてしまった……。

こんなときにまず大切なのは、自分の気持ちを立て直すことです。

もうどうしていいかわからない、だから、やる気も湧いてこない……こんな心理状態から抜け出すことが先決です。

そうしないと、悪いほうにばかり考えを巡《めぐ》らせてしまい、さらに落ち込んだり、体調を崩して病院に通わなければならなくなったりして、仕事どころではなくなります。

自分の気持ちを立て直す方法にはいろいろありますが、一番は自分の気持ちを抑え込まずに発散させることです。

たとえば、日記やノートに、日頃は口に出せないグチやその上司の悪口などを思いっきり書きなぐってみましょう。

誰かに読ませるわけではないので、どんなことを書いても大丈夫です。

そのときには、徹底的に自己弁護することをお勧めします。

自分は悪くない。こんなに頑張っているんだから、あの上司が厳しすぎるんだ。叱るにしたって、もっと言い方を考えてほしい。感情的にならずに、具体的に注意してくれれば理解できるのに……といったように。

そうです。もし部下に期待しているのであれば、それなりの言い方があるのです。叱ることで伸びる人もいれば、「よくやっているネ！」とねぎらうほうが伸びる人もいます。

しかし、残念ながら企業の管理職のほとんどが、誰に対しても同じやり方で部下の教育をしています。相手にとって適切な育成方法を学んでおらず、自己流で接しているのです。

部下を育てることは、上司の大事な役割の一つです。それなのに適切な育成方法を身につけていないのは、上司としての責任を果たしていないと言わざるを得ません。

つまり、本来は上司自身が部下の育成方法について悩むべきなのに、代わりに部下のほうが悩むという理不尽な状況になっているのです。

とは言っても、上司の態度が変わりそうにないのであれば、どちらかが異動になるまでこのまま耐え続けるか、もしくは、いつか自分が退職するという選択も視野に入れる必要があるかもしれません。

あるいは、せっかくなので、この機会を自己成長に生かすという選択肢もあります。たとえば、厳しい上司へのうまい対処の仕方を学ぶ、自分の心を強くする方法を体得する、といったように。

親と上司は選べません。

だからこそ腹をくくって、この境遇を自分のために役立てることができれば最高です。

Point

- まずは自分の気持ちを抑え込まずに発散させる。
- 本来は誰が悩むべき問題なのかを考えてみる。

17

自分にも他人にも厳しさを求めてしまう人へ

「なにかっていうと、すぐに泣く子がいるんです。上司も困ってるみたいだけど、結局は、なんとなく慰《なぐさ》めて終わり……やっぱり泣いた者勝ちなんでしょうか？」

という質問を受けました。

泣いた者勝ち？　いったい何が勝ちで、何が負けなのでしょうか？

泣くことによって仕事を免除してもらったり、手伝ってもらえて、結果的に楽できることを「勝ち」だと考えると、確かに泣いた者勝ちです。

でも、「この子には難しい仕事は任せられない」というレッテルが貼られてしまったら、昇格や昇給の可能性が減ります。

そう考えると「負け」と言えるかもしれません。

短期的には「勝ち」でも、長い目で見れば「負け」となることはいっぱいあります。

ですから、あまり目先のことにとらわれて、他人を非難したり、逆に、うらやましがったりするのは、あまり意味がないことではないかと思います。

それよりもむしろ、このようなことが気にかかる自分の心理を考えてみましょう。

「泣いた者勝ち」と思ったのは、おそらく「仕事で泣くなんてありえない」という考え方を持っているからではないかと思われます。

このような人は、精神分析的には「人は強くなければならない」という信念のようなものを胸に秘めていると考えられます。

もしかすると、子どもの頃、両親から、

「お兄ちゃん（お姉ちゃん）らしくしっかりしなさい」

「もっと我慢しなさい」

といったようなことを言われ続けて育った経験があるかもしれません。

子ども時代は、親から言われたことを素直に受けとめるものです。

特に、言葉の表面的な部分よりも、その背後にあるメッセージを自分の心に刻み込むのです。

「しっかりしなさい」「我慢しなさい」という言葉からは、「強くあれ！」というメッセージを受けることになります。

このようにして心に深く刻み込まれたメッセージは、大きくなってからも、まるで頭の中で親の声が聞こえているかのように、「強くあれ！」と自分に命令します。

それによって、

「泣いちゃダメだ」

と、自分にも他人にも厳しさを求めるような生き方をしてしまうことになるのです。

おそらく、つらいことを必死に耐えながら今まで生きてきたのではないかと思います。

17

自分にも他人にも厳しさを求めてしまう人へ

精神分析の一つである交流分析では、他にも、

「急げ！」

「もっと努力しろ！」

「完全であれ！（間違ってはいけない）」

「他人を喜ばせろ！（他人に気に入られるようにしなさい）」

といったメッセージが、代表的なものとして紹介されています。


もし、このような自分の傾向に気づいたとしたら、

「人は強い気持ちを持ち続けられるときもあれば、どうしても弱音を吐きたくなるときもある」

というふうに、「常に強くなくてもいいんだ」と考えるようにしてみてください。


自分のためを思って「強くあれ！」というメッセージをくれた親に感謝しながら、

「これからは自分の弱さも受け入れて生きていきます」

と、心の中で宣言してみるといいでしょう。

すると、今までよりも少しずつ楽に生きられるようになっていくはずです。

Point

・子どものころに親から「強くあれ！」というメッセージを受け取っている。
・「常に強くなくてもいい」と心の中で宣言しよう。

18

どうしていいのかわからないときは不満を全部書き出す

職場には、その職場ならではの決まりや習慣があります。
でも、どうしても馴染《なじ》めない……そんな悩みを抱える人もいます。
以前に、こんな相談を受けたことがありました。

「うちの部署では、誰かの誕生日には、ケーキやプレゼントをみんなで買います。子どもじみているし、お金もかかるのでやめたいけど、仲間はずれになるようで言えません。どうすればいいでしょうか？」

確かに、誕生日のケーキやプレゼントは、仕事をする場所にはあまり似つかわしいものではありません。

しかも、強制的にカンパさせられるというのもおかしな話で、本来は有志だけで負担すべきものだというのが正論だと思います。

そう考えると、もしかするとあなた以外にも同じように思っている同僚がいるかもしれません。

ですから、まずは同じ意見を持つ人を見つけるところから取り組んでみるというのも一つの方法だと思います。

そうやって一人ずつ、ホントはやめたいのに仕方がなくつき合っている人たちを巻き込んでいく。すると、よくぞ最初に声をあげてくれたと皆から感謝されることになるかもしれません。

では逆に、同僚たちの意見を水面下で聞いてみたときに、誰も不満を持っていないのがわかったとしたら？

そのときは、

・仕方なくあきらめる

・上司の鶴のひと声でこの習慣が廃止になるのを待つ

といったように、いったんは我慢しなければならないかもしれません。

冷静に考えられると、このように今自分ができること、できないことを見定められるはずです。

それができないということは、もしかすると、相談の内容以外にも職場に関する悩みがあるのかもしれません。

たとえば、

・仕事に不満がある……

・社内で心をオープンにできる人がいない……

といったようなことはありませんか?

そうだとしたら、本当に解決すべき問題は、誕生日の習慣だけでなく、他にもあることになります。

それが明確になっていないために、目の前にある不満に意識が向いてしまっているのです。


では、いったいどうすればいいのでしょうか？

まずは自分の不満をすべて紙に書き出してみるのが役に立ちます。

人は、頭の中で考えていることを話したり書いたりして外在化しなければ、問題としてとらえることができません。

紙に書き出すことで、自分の考えていることをハッキリ理解できるようになるのです。

「今、自分が不満に思っていることは何だろうか？」

「今、自分は何に悩んでいるんだろうか？」

このように自問自答して、思いつくまま、これ以上ないと思えるまですべて書き出してみてください。

それを客観的に眺《なが》めてみるうちに、今、自分が抱えている課題がはっきり見えてきます。

Point

・複数の不満があると、対処法を冷静に考えられなくなる。
・自分の不満をすべて紙に書き出してみる。

19

理不尽な職場のストレスにつぶれてしまう前に

「もう信じられない！　なんで私ばっかり残業しなきゃいけないの⁉」

「俺ばっかり貧乏くじを引かされている……」

職場ではどんなに「理不尽だ！」と思っても、立場上、ハッキリ文句を言うことはなかなかできません。

そんなときには、自分の不満をいったん正当化してみましょう。

なぜ不満に思うのか、その理由を心の中でつぶやいてみてください。

「私ばかりが残業しなければならないなんておかしい。

そもそも社員が少なすぎる。会社はもっと人を増やすべきだ」

19

理不尽な職場のストレスにつぶれてしまう前に

「急な残業で友達との予定をキャンセルしなきゃいけないなんて納得できない。

だって、こっちはずっと前から予定してたんだから」


実際にやってみるとわかりますが、かなりスッキリするはずです。


会社では自分の思うようにならないことがいっぱいあります。

しかし、いちいち文句を言えません。

とにかく言われた通りやるしかない……。

そうやって周りに合わせ続けていると、言いたいことを主張するのをあきらめてしまうクセがついてしまいます。


自分の本音を抑え込んでしまうと、ストレスが生じます。

それが続くと、ストレスがどんどんたまっていきます。

そしていつか、過剰なストレスが耐え切れなくなり、心がボロボロになってしまいます。

大切なのは、自分で自分の身を守ること。
ストレスにつぶれてしまわないためにも、自分の中に不満を抑え込まないようにしましょう。

心の中で不満を正当化したら、次は行動です。
グチってばかりいても何も変わりません。
不満な状況を解消するためには、具体的なアクションを起こす必要があるのです。
その際には、「どうなったらいいか？」と考えてみるのがポイントです。
過ぎたことではなく、これからのことを考えるのです。

たとえば、

「自分にばかり残業が集中する」

↓「みんなが平等に残業する」

「急な残業で予定をキャンセル」
↓「急な残業にも関わらず、しっかり対応したことを評価してもらう」

ずっと受け身でいるとストレスがたまっていきます。
自分にできるところから、少しずつ取り組んでみてください。

Point

- 「自分が理不尽に思うのは当然のことだ」と自分の不満を肯定しよう。
- 不満な状況を解消するために自分にできることを考える。

あなたの態度にイライラする！

「私は職場の上司や同僚から、『あなたの態度にはイライラする』と言われることがよくあります。お客さまからもたまに同様の指摘を受けます。自分なりに考えて一生懸命やっているつもりです。でも、何がどう悪いのか自分ではよくわかりません。いったいどうすればいいでしょうか？」

このケースで最もやっかいなのは、何が悪いのかを本人がわかっていない点です。

何が悪いのかわからないのですから、改善のしようがありません。

しかし、実はこの相談文の中に、問題の本質の手がかりを見つけることができます。

それは「自分なりに考えて一生懸命やっているつもり」という部分です。

一生懸命考えてやっているのに他人から指摘を受ける。ということは、考えている方向性がずれているのです。

今のまま自分で考え続けても、きっと良い対策は見つからないでしょう。

数学にたとえれば、間違った公式を使って問題を解こうとしているようなものです。


この人がまず改善すべきは、コミュニケーションの問題です。

どういうことか説明しましょう。


コミュニケーションには、「相手に自分を伝える」「相手を理解する」という二つの側面があります。
冒頭の相談の人は、後者に課題があるのです。
相手の意図することをうまく理解できていない。
だから、いくら考えても相手の意向に沿わない言動をしてしまう。
そして、そんな自分の言動がさらに相手の気分を害していることにも気づかない……。
この悪循環にはまってしまっているのです。

おそらくこのようなすれ違いを、これまでもずっと経験してきているはずです。もしかすると、すれ違いが生じていることすら、今まで気づかなかったかもしれません。
「相手を理解できていない」という問題を、今までは無自覚のうちになんとかやり過ごしてこられた。それが今回やっと問題意識が生まれてきたのです。

この機会を生かしたいと考えるのであれば、これから次のような継続的な取り組みを心がけてください。

まずは、今後、他人から注意されたとき、言われた言葉をできるだけ正確に紙に書きとめるようにします。

さらに、そのときに自分の中でどんな気持ちが湧いてきたか、どんなことを考えたか、それを受けて自分がどんな言動をしたかを書き添えます。

自分自身の反応の傾向を一つひとつ確認するのです。

ただ、これを自分一人で行うのはなかなか難しいので、カウンセリングを受けて、カウンセラーと一緒に取り組むことをお勧めします。

これまでスルーしてきた自分の課題に向き合うときが、今やってきたのです。
本気になって継続して取り組んでいけば、いつかきっと課題は解消されます。

第5章

イヤな気持ちが消えないとき……

今こそ自分の心をレベルアップする

20

イヤな気持ちは強制終了する！

友達と口論してしまい、気まずい雰囲気になってしまった。

なんとかしたいと思うものの、どうしていいかわからない。

こんなときに気をつけたいのが、悶々《もんもん》とした気持ちを引きずらないようにすることです。


いつまでもイヤな気持ちを引きずってしまうと、それがストレスになります。

ストレスを抱え続けるのは、重い荷物をずっと持ち続けている状態と同じです。

最初はなんとか持っていられたとしても、時間が経つにつれて筋肉がプルプルいってきて、やがて限界に達して荷物を持てなくなってしまいます。

同様に、ストレスにずっとさらされ続けていると、やがて精神的に耐え切れなくなってしまいます。

ですから、問題の解決を先送りにしないで、なるべく早く終わらせようと考えるのは、とても大切な姿勢だと言えます。

とは言っても、どうしていいかわからないのですから、そう簡単には解決できません。

こんなときは、とりあえず解決の方針だけでも固めておくといいでしょう。

現状が維持されるためにはどうすればいいのか、一般的な行動を考えてみてください。

・「言い過ぎてごめん」とこちらから電話して謝る
・あくまでも自分は悪くないと思うので、友達から謝ってくるのを待つ
・誰かに仲裁に入ってもらう

たとえば、こういった感じです。

次に、これらの案の中から、自分の考えに最も合うものを選択します。

どうしても決められないと思ったときには、選択を保留するというのもアリです。

状況が変わるのを待ってもいい、ということです。


あとは、「仲直りのタイミングが来るまで、これ以上考えるのはやめる」と自分に言い聞かせましょう。

頭の中で
「もう考えない」

「もう考えない」

「もう考えない」

と三回唱えた後、

「はい、おしまい！」

と思考を強制終了してください。


生活していると、イヤなことはふいにやってくることも多いのです。

こちらの都合はおかまいなしです。
それに、一つずつ順番にやってくるとは限りません。
一つが解決する前に次の問題がやってきます。

すでに重い荷物を持っているのに、さらに次の荷物を持たされてはたまったものではありません。

だからこそ、イヤなことを引きずらないようにすることはとても重要です。
そのためには、どう対処するかの方針をとにかく決める。
そして、方針を決めたら考えるのはやめて、行動を起こす。
あるいは、行動のタイミングになるまで、もう考えるのはやめる。
これがポイントです。

Point

・イヤなことは、こちらの都合に関係なくふいにやってくる。
・すぐに解決できないことを考え続けるのはやめよう。

21

叱るときの「なぜやらないのか？」は愚問

後輩や部下が何かミスをしたとき、

「なんでちゃんとやらないの!?（怒）」

といった言い方で注意をしていませんか？


ちゃんとやってほしかったのに、それがなされなかった。

そのために怒りが生じて、ついこのような言葉を発してしまう。

それは仕方がないことだと言えます。


しかし、このような言い方は相手を追いつめるだけです。その結果、二人の間にわだかまりが生じてしまいます。

というのも、「なんでちゃんとやらないの!?」という言葉は、理由を尋ねる質問の形になっています。

理由を尋ねられたのですから、言われたほうとしては、反射的に「理由を答えなければ」と思ってしまいます。

ところが、もちろんあなたが理由を聞きたいわけではないことも感づいています。

つまり、「理由を聞かれても、理由を答えるわけにはいかない」という板ばさみ状態に陥ってしまうのです。

一方で、「何か答えを言わないと、この状況からは解放されない」という意識も湧いてきます。

すると、「なんで？　って言われても……」と答えに窮《きゅう》しながらも、「ミスした理由はですね……あのときに確認したとばかり思っていたのですが……」といったような説明をするしかなくなってしまいます。

そんな相手の態度に対して、たいていの場合、

「言いわけは聞きたくない！」

とか
「他人のせいにするのはやめなさい！」

と思わずたたみかけてしまったりします。


これでは、相手は萎縮《いしゅく》するだけです。

注意した自分のほうにも怒りが残ります。


あなたが望むのは、ミスの再発防止であって、相手をやり込めることでも、二人の間にわだかまりをつくることでもないはずです。


だとしたら、相手のミスを問いただす表現は使わず、

「今回のミスの原因は何ですか？」

「再発しないようにするには、どういう点に注意したらいいですか？」

と落ち着いて聞けばいいのです。

もしどうしても怒りをぶつけたかったら、

「なんでちゃんとやらないの!?」

とまわりくどく言わず、

「私はとても怒っています」

といったように感情を素直に表現しましょう。

このほうが、あなたの気持ちが相手の心にダイレクトに届きます。

言われた側も素直に反省し、これからはちゃんとやろうと思いやすくなります。

言葉の使い方にちょっと気をつけるだけで、わだかまりが生じることなく、良好な人間関係を維持《いじ》できるのです。

Point

・失敗の理由を問いただしても意味がない。
・叱るとき、注意するときほど、言葉の使い方に気をつけよう。

22

相手が「しない」のではなく「できない」と考える

「うちの夫は、ちっとも家事や育児を手伝ってくれない！」

「出欠の返事が早くほしいのに、なかなか連絡が来ない！」

「最近の若い人は、ちっとも気が利《き》かない。言われたことしかできないんだから！」

こんなふうにムカツくのは、「これくらいやって当然！」と思っているからです。


こっちはやるべきことはしっかりやっている。それなのに、相手はちゃんとやっていない。確かに、相手が責任を果たしていないんだから、ムカツいて当然です。

でも、いくら言っても、糠《ぬか》に釘《くぎ》、豆腐《とうふ》にかすがい、のれんに腕押し。話を聞いてないわけではないようですが、ちっとも改善されない。こんなときは、いったいどうすればいいのでしょうか？

相手が変わるまで言い続けるのも大切ですが、もしかすると、それには時間がかかるかもしれません。

その間、ずっとイライラしてストレスを抱え続けるのは精神的にもよくありません。

そこで、相手が変わらなくても、こちらがストレスを抱えないようにすることをめざしてみませんか、というのが私からの提案です。

具体的には、自分の期待を見直してみることです。

期待と現実にギャップがあるからストレスが生じるのです。

「これくらいやってほしい」という期待。でも、現実はやってない。

このギャップがストレス源です。

ここで少し考えたいのが、その期待がそもそも実現可能なものなのかどうかということ。

あの夫が家事や育児を手伝うというのは、現実に可能なことなのでしょうか？

もちろん、やる気になればできると思いますが、もしかすると仕事で疲れて家では何もする気が起きないのかもしれません。

出欠の返事もそう。もしかするとテンパッていて、連絡できない状態なのかもしれません。

職場の若い人にしても、気が利かないのは、そもそもそういうことを教えてもらったことがないためかもしれません。


相手が「しない」のではなく、何かの理由で「できない」と考えてみる。その理由を考慮して、少しだけ期待を変えてみると、現実とのギャップは自然に小さくなります。

その上で、次のように考えてみましょう。
・今の状況でも夫が確実にできる家事や育児って何だろう？
・絶対早く返事がほしいときって、どんなときだろう？

・職場の若い人に、これだけは確実にやってほしいことって何だろう？

こうやって、今の期待を相手のレベルに合わせた期待に切り替えてみる。
すると、相手を見る目が変わり、ストレスも軽くなっていきます。

Point

・自分の期待を相手に押しつけているからストレスが生じる。
・相手のレベルに応じた期待に切り替えよう。

23

私の方があいつより優れていると思いたい理由

なにもかもうまくいっているように見える人がいます。

私の友人にも、そんなうらやましい人がいるのですが、彼女がいつになくこんな愚痴をこぼしていました。

「一生懸命頑張っていい成績をとったのに、運がいいよねって言われたの。褒めたつもりかもしれないけど、なんだか言われて嬉しくなかった……」

なぜ彼女は嬉しくないと感じたのでしょうか？

それは、相手の言葉の裏にある無意識の攻撃を、彼女が敏感に察知したからです。

もしかすると、その相手の人は彼女に対して嫉妬しているのかもしれません。あるいは、

23

私の方があいつより優れていると思いたい理由

自分が負けていることに悔しさを感じているのかも。

いずれにしても、その相手が本心を表に出さないように発したのが、「運がいいよね」という言葉だったと考えられます。

自分の本心を他人に悟られないようにするためには、人は一八〇度異なる態度をとることがあります。

それは、人間関係に波風を立てないようにするための、大人ならではの知恵と工夫です。

しかし、本心はそう完全には隠しきれるものではありません。

敏感な人は、それを直感的に受けとります。

相手の感情や態度、口調などから感じとるのです。

相手がどう思おうと、その人の自由ですから、これ以上あれこれ考えても意味がありません。

むしろ、この洞察を今後の自分にどう生かしていくかが重要です。

そのためのヒントですが、実は、自分が他人から受けとったのと同じものが、自分の中にも存在する可能性があると考えてみてください。

つまり、このケースの場合、相手だけでなく自分の中にも他人への嫉妬心や勝ち負けにこだわる意識があるかもしれないのです。

だからこそ、相手からの無意識の攻撃に対して敏感に反応したと考えられます。

「自分と他人とどちらが優れているか」という競争意識。これは心理学では兄弟間葛藤《かっとう》のテーマとして考えられているものです。

「自分は優秀でありたい」と考えるのは、「自分を認めてほしい」という承認欲求とつながっています。

優秀であれば認められる。優秀でない自分には価値がない。そう考えてしまっているのかもしれません。

普段から一生懸命頑張るのも、もしかすると自分を認めてほしいという気持ちが強いからではないでしょうか？

この気持ちを持ち続けることは、成長・成功のためのエネルギーになります。

一方で、いくら成功しても「もっともっと頑張らなきゃ」と自分を駆り立て続け、心から満足を得るのが難しくなります。


このような人の課題は、「他人は関係なく、現在の自分自身に満足できるかどうか」です。

今、自分はどんなときに幸せを感じられるか？

この問いの答えをぜひ探し続けてみてください。

Point

- 「自分は優秀でありたい」と思うのは、自分が認められたいから。
- 他人と自分を比較するのはやめて、自分自身の充実感を求めよう。

24

明日の仕事のことは明日考えればいい

毎日たくさんの仕事を抱え、終えても終えても、また別の仕事が待っている……。一向に仕事が減らないそんなときには、夜になって眠ろうとしても、「明日は、アレをやって、コレをやって……あぁ、そうだ！　アレもやらなきゃいけないんだった！」と、ふとんの中で、つい明日の仕事のことを考えてしまい、ぐっすり眠れなかったりします。

こんな状態が続くと睡眠不足になりますし、ストレスがたまって精神的にも身体的にもよくありません。

では、いったいどうすればいいのでしょうか？

まず言えることですが、ふとんの中に入ってまで明日の仕事について考えてしまうのは

「仕事をしっかりやろう」という強い責任感があるからです。

そして、前夜に仕事のダンドリを考えるのは、「ミスなく仕事をやろう」という完ぺき主義的性格も、持っていることになります。

強い責任感
完ぺき主義的性格
これらは成功者に見られる特性です。

この特性のおかげで、きっと、これまでも数々の仕事をうまく処理し、それによって、周りからの信頼を得てきたはずです。

ところが、今はその特性によって、自分で自分を苦しめている状況になっています。

もちろん、仕事をしっかりやることも、ミスなくやることも大切です。

しかし、そういう意識によって自分がつらい思いをしているのも事実です。

この状態において何が問題かと言えば、四六時中、仕事について考えていることでしょう。

ふとんの中で仕事はできません。

ふとんの中では仕事のことは忘れ、しっかりと休養をとるようにしましょう。

そのために役に立つ簡単な取り組みを紹介します。

ふとんの中で明日の仕事のことが頭に浮かんできたら、「ストップ！」と声に出しながら、両手を目の前でパン！　と叩いてみてください。

この動作によって、自分の思考を強制終了するのです。

そして、ゆっくり大きく深呼吸を繰り返します。

そのときは自分の身体の動きに注意を払います。

大きく息を吸ったときには、自分のお腹が膨らむのを意識してください。

息を吐いたときには、逆にお腹はへこみます。

24

明日の仕事のことは明日考えればいい

頭の中から仕事のことを追い出して、自分の身体感覚に意識を集中……疲れがたまっているときにこれをやると、自然に深い眠りに落ちていくはずです。

仕事のことは、明日の朝、起きたときにまた考えればいいのです。

Point

- 責任感が強い人ほど四六時中仕事のことを考えてしまう。
- 今日の疲れはしっかり寝て解消しよう。

私って引き立て役?

「仲のいい同僚の女性は、ものすごく美人というわけでもないのにどこか華やかで、上司からも他の同僚からもウケがいいです。そんな彼女と一緒にいると自分がかすんでしまって損をしている気分……この気持ちをうまく処理する方法ってありますか?」

それでは、気持ちを整理するために、次のことを考えてみてください。

自分がかすんでしまっている、ということですが、どういうことからそれがわかるのでしょうか?

その彼女と一緒にいると、上司や同僚たちの意識が彼女にだけ向けられるから？

そうだとしたら、上司や同僚たちの意識が彼女にだけ向いている
のは、どういう態度からそれがわかるのでしょうか？

上司や同僚たちがあなたを無視して彼女にだけ話しかけている？
本当に？

もしかしたら、自分よりも彼女が注目されていると思い込んでい
るということはありませんか？

もう一つ質問です。

損をするというのは、何かを得られなかった、何かを失ったとい
うことです。

では、いったい何が得られなかったのでしょう？

いったい何を失っているのでしょう？

そもそもそれは、あなたが得ることができるものだったのでしょ
うか？

何かすでに持っていたものを失ったということでしょうか？

このように自問自答していくと、自分が本当は何を得たいのかが見えてきます。

もしかすると、彼女と同じように自分も注目されたいと思っているのかもしれません。

でも、自信がなくて自分にはムリだと思い込んでいる……。

自信がないと思うのは、なんとか克服して自分も同じようになりたいという気持ちがあるからです。

残念ながら、一朝一夕に理想が実現することはありません。

継続した取り組みによって徐々に近づいていくものだからです。

誰かをうらやましいと思ったら、自分はその人の何がうらやましいのだろうかと考えてみてください。

それに気づくことで、自分が取り組むべき方向性が見えてきます。

あとは、経験と実績を積んでいくだけです。

それにはまず、今の自分に何ができるか？
今、自分は何から始めるべきか？
それを知ることが、自分が本当に得たいものを手に入れるための第一歩です。

第6章

もう頑張れないと思うとき……

少し自分を大目に見る

25

失敗した自分を肯定する

取り返しのつかない大きいミス。
しかも会社に大損害を与えてしまった。
同僚に合わせる顔がなく、今まで築き上げてきた評価はガタ落ち。
もう辞めるしかない……。

人生最大の危機とも言えるこんな状況で、心を持ち直すにはいったいどうすればいいでしょうか？

はじめに克服したいのが、後悔の念です。「あのときちゃんとやっていれば……」と、自分を責める気持ちを解消しなければなりません。


それにはまず、後悔の心理について理解することが役に立ちます。

後悔とは、「ああすればよかった」と現在の視点から過去を評価すること。

「自分さえしっかりやっていれば、ミスは防げたはずだ」という思い込みとも言えます。


そう、「思い込み」です。


誰だってミスしようと思ってミスするわけではありません。

そのときも、自分は自分なりにベストを尽くしていたはずです。

誰にだって未来のことはわからないのですから、それを今になって「ああすればよかった」と思うのは、無意味です。


「いや、もっと慎重にやるべきだったので、ベストを尽くしていたとは言えない」

こんなふうに自己否定したくなる気持ちもわからなくはないですが、果たして本当にベストを尽くしていなかったのでしょうか？

答えはノーだと断言できます。

そのときは、そのときなりに一生懸命にやっていたはずだからです。

もし慎重さに欠ける部分があったとしても、今までは大丈夫だったからと安心していたのかもしれません。

あるいは、他のことで心に余裕がなかったとか、何らかの理由があってできなかったはずです。

そもそも、何をもってベストと判断するかという基準が、ミスをする直前と現在とでは異なっています。

今ならベストだとわかることは、そのときには誰にもわかりません。

過去の自分と現在の自分は同一人物ではありますが、ミスすることを知っているかどうかという点においては別人だと言えます。

現在の自分がすべきなのは、過去の自分を責めることではなく、過去の自分の味方になることです。

そのためにも、「あのときは、ああするしかなかった」と自分自身を肯定しましょう。「あのときは、自分なりに一生懸命やっていたんだ。あの時点での自分の経験や、あのときの自分の状況を考えれば、あのミスは仕方がなかったのだ」

こう考えて、過去の自分の立場を理解し、過去の自分のミスを許すのです。

さらに、このときに大切なのが、ちょっと前の自分、すなわち、過去の自分を批判した自分に対しても肯定することです。

「つい自分で自分を批判してしまったのは、それだけ『ミスをしない自分になりたい』という意識が強かったためだ。自分に厳しくなってしまうのは、それだけ自分は成長意欲が強い人なのだから仕方がないことだ。むしろ、これは自分のいいところだ」

このように、自分で自分を認めましょう。

もちろん、これで終わりではありません。

ミスをミスと認めた上で、今回の経験を今後の自分の糧《かて》として活かす。

そのために、これからできることは何かを考えます。

過去に起こってしまった出来事は、帳消しにはできません。

一方で、未来はこれからの自分次第です。

二度と同じミスを繰り返さないようにどんなことを心がければよいか、自分だけではなく会社あるいは所属部門全体で考える課題はないかどうか。

過去の自分を批判するよりも、そういった視点を持つほうが、現実的で意味のある考え方です。


あとは次の言葉を自分に言い聞かせてみてください。


「あれはあれでよかった」

「すべてはうまくいくようになっている」


過去を振り返るのは、後で落ち着いたときにゆっくりやることにして、今は、現在やるべきことに集中しましょう。

今回の経験から学んだことを活かし、ミスを挽回して余りある成果を挙げるときが、いつかきっとくるはずです。

Point

- 「あのとき、ああすればよかった」と自分を責めるのは間違い。
- ミスをミスと認めた上で、これからできることを考える。

26

「自分はよくやっている」と考える

職場に競争はつきものです。
営業成績をボードに貼って社員を競わせるといったことが、今もあるようです。
そんな職場で働く人から相談を受けました。

「先輩より上の成績を取ってしまいました。そのせいか、先輩の言葉が最近ちょっとキツいような……今後どうすればいいでしょうか?」

この相談への答えは簡単です。
先輩のことは気にせずに、これからも今まで通り仕事を頑張ればいいだけです。

26

「自分はよくやっている」と考える

その先輩からイジメや嫌がらせを受けているのであれば、その対策を考えなければなりませんが、ただキツく当たられているだけであれば、その瞬間だけちょっと我慢するか、あるいは、なるべく接点を持たないようにすればいいだけです。

そもそも、なぜその先輩はキツく当たってくるのでしょうか？

言わずもがな、それは嫉妬心からです。

嫉妬心は怒りのパワーを生み出します。

本来は、その怒りのパワーを仕事に向けて、自分の成績アップをめざすべきところなのですが、つい他人に向けて怒りを発散してしまうのです。

つまり、先輩の態度は、その先輩自身が解決すべき問題であって、こちらの問題ではないということです。

それでも、やっぱり気になる場合、次のように考えてみてはいかがでしょうか？

「他人のキツい態度がイヤなのは、誰だって当たり前のことだ」

「先輩のキツい態度に悩むのは、自分が繊細な感受性を持っているってこと。その繊細さがあるから成功したんだ」

「先輩から嫉妬されるくらい成功したってことだね。自分はよく頑張ってる！」


何かに悩むときというのは、その人の資質がマイナス方向に作用しているからです。


たとえば、繊細さがあるから他人の言動に悩まされる。

でも、その繊細さがあるからこそ他人の気持ちが理解できるのです。


周りに気を遣うから他人の態度が気になってしまう。

でも、その気遣いがあるからこそ対人関係がうまくいくのです。


他にも、慎重さがあるから決断が遅くなるときもある反面、大きな失敗はしない。

失敗しないようにうまくやりたいと思っているから、不安を抱えがちになる。でも、その意識がなければ成功することはない。

これらは、第1章で説明したリフレーミングの一つです。マイナスに向いてしまっている意識に気づいて、その背後にある自分の資質のプラス面を思い出せれば、前向きになってまた頑張ろう思えるはず。

悩んだり、行き詰まってしまったとき、その原因となっている自分の資質が他のどんな場面で役立つのかを考えてみてください。

Point

- 人が悩むのは、繊細な感受性を持っているから。
- 悩みを抱える自分にはプラスの資質があることに気づく。

27

やる気が起きないのは「休め」のサイン

「仕事量に比べて社員数が少なく、いつも忙しい」

「サービス残業が多い」

「こんなに頑張っているのに、全然報われない」

こんなふうに悩むあなたは、きっと責任感が強い人なのでしょう。

だからこそ、自分の時間を犠牲にしたり、精神的にも体力的にもつらいのを我慢しながら、一生懸命頑張っているはずです。

それなのに、その努力を会社や上司や周りの人たちが全然認めてくれないのですから、

27

やる気が起きないのは「休め」のサイン

やりきれない思いを感じるのは当然のことです。

こんなときに気をつけなければならないのは、「私は何のために頑張ってるんだろう」とむなしく思えて、仕事に対するモチベーションが下がってしまい、何もかもやる気が起きなくなることです。

ひどいときには、食欲がなくなったり、睡眠不足になったりします。

この症状が進行していくと「燃えつき症候群」と呼ばれる状態になってしまいます。

本格的に体調を崩して出社できなくなることもあるので、注意が必要です。

「なんとなく思い当たるフシがある」

「ちょっとヤバイかも……」

そう思ったら、まずは休養をとることが肝心《かんじん》です。

「やる気が起きない」というのは、「休みなさい」という身体からのサイン。

なんとか頑張って出社したものの、仕事が手につかず、以前よりも能率がグンと落ちているとしたら、ムリして頑張り続けるよりも、いったん休養をとって身心ともに以前の活動的な状態に戻すことを考えてください。

「頑張らなきゃ」と、焦って自分を駆《か》り立てるよりも、気持ちや体調を整えてから仕事を再開するほうが、かえって能率が良くなります。

とは言っても、責任感が強いあなたですから、「休ませて下さい」と会社に言うのは難しいかもしれません。

そんなときは、まず自分の周りに理解者をつくることが大切です。

もしかして「今は自分ひとりで頑張っている」という孤独感がありませんか？

会社や上司に認められていると感じられなくても、自分の頑張りをわかってくれる人の存在は、心の支えになるものです。

何でも話せる友人、家族、彼女や彼氏などに、自分の心の中を思い切って打ち明けてみてください。

「アドバイスはいらないので、私の気持ちをただ聞いて、受けとめてほしい」

そう伝えて、これまで誰にも言えなかった自分のつらい気持ち、不安、悩みを言葉にして、身体の外に出すことで、徐々に気持ちが楽になっていきます。

もし何でも話せる人が身近にいなかったとしたら、カウンセリングルームを利用するのも一つの方法です。

専門のカウンセラーがきっとあなたの支えになってくれるでしょう。

自分ひとりで悩みを抱え込まずに誰かと悩みを共有する。そうやって、心の支えをぜひ持つようにしてください。

Point

・頑張っても報われない状態が続くと、人は燃え尽きてしまう。
・自分を理解してくれる人が心の支えになる。

28

最悪の結果を想像すると不安は和らぐ

就職してはじめてプロジェクトを任された。——あとで振り返ってみれば思い出深い貴重な経験ですが、そのときは緊張して思わず足がすくむ、なんてこともよくあります。最初はやる気満々だったのに、実際に取り組もうというとき、自分が本当にそれをやれるのか、不安になる……。

自分にはムリだ、とか、ちゃんとできるだろうか、といった心配が次から次に頭に浮かんできてしまうものです。

でも、結局はやらなければならないのですから、とにかく不安な気持ちをうまく解消することが大切です。

では、いったいどうすればいいのでしょうか？

まず大切なのは、自分の不安を素直に認めることです。

「はじめてのときは誰だって不安。だから、自分も不安になって当然だ」と、自分が不安になっていることを容認するのです。

このように考えると、気分的に少し楽になるはずです。

そして次に、自分の不安の肯定的側面を考えてみましょう。

ここでもリフレーミングを使います。

プロジェクトを任されて不安に思うのは、「成功させなければならない」という目標達成意識が高い証拠。

「任されたからには投げ出すわけにはいかない」という責任感も持っています。

このように自分を肯定できると、少しずつ「頑張ってみようかな」と思えてきます。

その上で、不安な気持ちを自己洞察《どうさつ》します。

28

最悪の結果を想像すると不安は和らぐ

不安になるのは、何かを恐れているからです。

では、いったいどうなることを恐れているのでしょう？

それを知るために、最悪の結果を想像してみてください。


もしかすると、「もう二度とプロジェクトを任せてもらえなくなる」「給料が下がる」「社内で陰口を叩かれる」……こんなことを最悪の結果として考えるかもしれません。


これをやってみるとわかると思いますが、はじめてのプロジェクトで失敗しても、ここまでひどくはならないはずです。

もし万が一そうなったとしても、命までとられるわけではありません。

一から出直すことだってできるでしょう。


あとは、最悪の結果よりも少しでも良い結果で終わるように、今からどんなことをすべきかを考えます。

誰かにアドバイスやサポートをもらったって構いません。

誰にも助けを求めてはいけないなんてことはないのです。

「はじめてなんだから失うものはない。むしろ、得るものだらけ」

こう思えたら、あとは一つずつ着実に、やるべきことをやっていくだけです。

Point

- 自分にできるだろうかと不安に思うのは責任感が強い証拠。
- 最悪どうなるかを考えて腹をくくることができれば、前向きになれる。

私だけのせいじゃないのに……

「思いきって企画を提案してみたら、それが通ってプロジェクトがスタートしました。でも、結果は思うようにいかず散々……うまくいかなかったのは私だけのせいじゃないのに、なぜか社内の目が冷たい。どうすればいいでしょう？」

もしかすると、誰もがこのようなケースで悩むことがあるかもしれません。

そんなときはどうすればいいかを知っておくために、視点を変えて、このような相談を受けたら、どう対応するか、という視点で考えてみたいと思います。

あなただったら、もし、このように相談されたら、どう言葉を返しますか？

「○○すればいい」とか「××しなさい」と答えたくなったとしたら、要注意です。

なぜなら、この人はアドバイスがほしいと思ってはいないからです。

相談する人にとって、「どうすればいいですか？」というセリフは常套句《じょうとうく》です。

特に深い意味はありません。

言葉通りにとらえてしまうと、アドバイスがほしいと考えてしまいがちですが、実際はそうではないのです。

真意としては、「どうすればいいかわからないくらい落ち込んでいる」といったところでしょうか。

つまり、文字通りの意味をとらえて応答するのではなく、その言葉に込められた心のメッセージを読み解くことが重要なのです。

それを踏まえて適切な言葉を返すと、相談してきた人は「この人は自分のことをわかってくれている」と、癒《いや》された気持ちになります。

たとえば、「つらそうだね」とか「自分だけのせいにされて理不尽に思ってるんじゃない？」といった言葉などが、この場合は相手の心に響くのではないかと思います。

このような対応をすると、癒しだけでなく、本人が心の支えを持つことにもなります。

人の悩みは、孤立感を覚えることで、さらに深まっていきます。

この世に自分ひとりだけ孤立して問題に立ち向かわなければならない。そう感じるときは、とても心細くなります。

心の支えを持つことはとても大切です。

心の支えがあれば、困難に立ち向かうことができます。

さて、話を冒頭の相談に戻しましょう。

自分が深く落ち込んでいるときも、誰かが心の支えになってくれたら、きっと気持ちを持ち直せるはずです。

自分のつらさや苦しみを、誰か気の置けない信頼できる人と分かち合ってください。

それは家族かもしれませんし、友人かもしれません。

その人に、今、自分が感じている気持ちや考えていることを素直にありのままに伝えてみてください。

そうすると、徐々に孤立感が解消されていき、困難に立ち向かっていく勇気も湧いてくるでしょう。

第 7 章

マンネリな毎日に
埋没しそうなとき……

明日の勇気を自分にあげる

29

ひとつだけどんな望みでも叶うとしたら？

「あ～あ、なんかイイコトないかな～」

こんなことをつい思ってしまうことはありませんか？

こう思ってしまうのは、自分でも気づかないうちに、仕事がつまらないとか、なにか物足りないとか、今の生活に張り合いがないと感じているのかもしれません。

もし今のあなたに当てはまるとしたら、ちょっと考えてみてください。

その「なんかイイコト」って、具体的にはどんなことですか？

今、目の前に魔法使いが現れて、

「どんな望みでも、ひとつだけ叶えてあげよう」

と言われたら、あなたは、明確な希望を伝えられるでしょうか?

おそらく、「絶対にこれだ!」といった望みをスグに思いつかないのではないかと思います。

お金や車、ブランド物のバッグや時計が欲しい。あるいは、旅行に行きたいといった望みは思いつくかもしれません。でも、せっかくのチャンスなのですから、今、自分が心から望んでいるものはいったい何なのか、考えてみてください。

「考えれば考えるほどわからなくなってきた」

「これと言って思いつかない」

という人へ、ここで一つヒントを差し上げましょう。

人の欲求は、所有に関するもの、行動に関するもの、存在に関するものに分けることができます。

お金、車、バッグ、時計は、所有に関する欲求です。
旅行に行くというのは、行動に関する欲求になります。

そして、存在に関する欲求とは、「こういう人になりたい」といった欲求のことです。
自分を認められたい、誰かに愛されたいといったことも、存在に関する欲求です。

この三つの欲求には、どれが良いとか悪いといった区別はありません。
バランスよく満たされていることが理想です。

もし、所有や行動に関する欲求しか考えつかないという人は、自分はどういう人でありたいのかをぜひ考えてみてください。
そして、そうなるためには何をする必要があるかを考えて、行動に移してみましょう。

当たり前の話ですが、どんなことでもそれを達成するためには具体的な一歩を踏み出さなければなりません。

まずは一歩を踏み出して、ちょっとだけでもいいので、現状を変える。

すると、次にすべきことが見えてくるものです。

その連続によって、望みは確実に実現に近づいていきます。


結果的に一歩めがうまくいかなくても構いません。

どんなことでもいいので行動を起こして、ちょっとだけでも昨日とは違う今日を生きることが大切です。

うまくいけばどんどん次のステップに進むことになりますし、たとえうまくいかなくても、状況や気持ちが変わることでマンネリの毎日から抜け出すきっかけになるはずです。

Point

- 日常のマンネリ感を抜け出すために、ちょっとだけ現状を変える。
- 「こういう人になりたい」を考えてみよう。

30

今の仕事に100%満足していないなら

あなたは、今の仕事に満足していますか？

不満はないけど、だからと言って満足してはいない……

どこかもっといいところに勤めたい……

でも、取り立てて何か優れた能力があるわけでもなく、転職してもうまくいくかどうか不安……

もし、このような感覚になっていたとしたら、ぜひ自己実現をめざしてみてください。

自己実現という言葉はなんとなく聞いたことがあるかもしれません。

心理学者マズローが、欲求階層説で説明して有名になった概念です。

「自己実現って、しょせん自己満足でしょ?」と思っている人がいますが、もちろん違います。

自己実現をひとことで言うと、「その人に生まれつき備わっている才能を発揮しようとすること」です。

これはもちろん、好き勝手にやりたいことをやるというのではありません。

自発的に自分の人生を生きるということであって、そのとき私利私欲は眼中にはないのです。

自分の心が満たされるのを考えているうちは、自己実現とは言いません。

むしろ、自己実現は社会への貢献と深く関係しています。

自分の才能を発揮することで社会に貢献し、その結果として充実感を得る。

これが自己実現だと考えるとわかりやすいかもしれません。

さらに言うと、自己実現は瞬間的な体験です。永く続くものではありません。充実感が得られたら、再び次の貢献に向けて行動を開始する。その繰り返しです。

自己実現のための第一歩は、なんでもいいので目の前の仕事にとことん取り組んでみることです。

営業であれば、自社商品について誰よりも詳しくなる。

事務員であれば、パソコンのプロになる。

何か一つ絞り込んで、「私が得意なのは○○です」と自信を持って言えたり、「○○については○○さんに聞けば一発だ」と言われる、そういう状態をめざすのです。

とりあえず半年か一年だけ頑張ってみようかな、という軽い気持ちで始めても一向に構いません。

そうやって毎日一歩ずつ前進すれば、半年後、一年後には確実に今の自分よりも専門能力がレベルアップしているはずです。

すると、さらにモチベーションが上がり、続けていくうちに「本当にやりたいこと」「自分の役割」が明確になってきます。

やがて、より多くの人から期待され、活躍の場も広がっていきます。

これこそが自己実現です。

千里の道も一歩から。

まずは今の環境で少しでも興味を持てることを深めていくところからぜひ始めてみてください。

その瞬間から人生は変わり始めていきます。

Point

- 自己実現とは、自分にできることをやって社会に貢献すること。
- 目の前の仕事にとことん取り組み、その仕事の第一人者をめざしてみる。

31

才能とは、見つけるものではなく育てるもの

自己実現のためには、とりあえず目の前の仕事にとことん取り組んでみることがスタートだと言いました。

「確かにそうかもしれないが、どうせなら自分の才能が生かせるものに取り組みたい」

そう思う気持ちはわかりますが、「自分にはどんな才能があるかわからない」と思っている人も多いのではないでしょうか？

実は、才能というものは、見つけるものではなくて、育てるものです。

もちろん、才能が見つかるのが先だったという人も中にはいます。

子ども時代に、歌が上手だとか、運動神経が優れているといった才能を見出され、歌手

やスポーツ選手の道を早くから歩み始める人はいます。

でも、残念ながら現実にはそういう人はごく少数です。ほとんどの人の才能は、宝石の原石のように、磨いてみないことにはわからないのです。


磨いてはみたものの、なかなか思うような成果が得られない場合もあります。

それでも「せっかく一度きりの人生なのだから、すぐに見つからなくても才能探しを続けたい」と思えたとしたら、それはとても素晴らしいことです。


目の前の仕事にとことん取り組む意義はここにあります。

「自分探し」と称して、いつまでも現在位置でウロウロと立ち止まったままではなく、とにかく歩き始める。


これは砂金探しにも似ています。

砂金を探すときには、ひたすら川底の泥をごそっとすくい続けなければなりません。

水面から川底を眺めながら、一粒の砂金だけを見つけようとは決してしません。

すくい上げた泥の中から一粒の砂金を探す作業を根気よく繰り返すのです。

途中で作業をやめたら見つからない。探し続けた人だけが見つけることができる。

当然と言えば当然です。
まさに才能探しも同じ。私はそう思っています。

この考えに賛成するかしないかは、あなた次第です。
強制するつもりはありません。でも、もし才能を見つける方法がよくわからないと思うのであれば、私の言う通りに試してみてはいかがでしょうか？

何もしなくても時間は確実に過ぎていきます。
すべてはあなたの人生。
ここから先の決断をするのはあなたです。

Point

- 才能が発揮できることをやろうと考えず、目の前のことに専念する。
- 何かひとつのことを根気よく続けることで才能は開花する。

32

仕事のパフォーマンスは休日の過ごし方で決まる！

待ちに待った休日。今週はたくさん残業して疲れたから思いっきり寝るぞ、なんて考えが浮かんだら要注意です。

と言うのも、普段仕事をしているときと全く違うペースの一日を過ごすと、その反動で休み明けがつらくなるからです。

休みの前日に、深夜テレビやＤＶＤを観続けて明け方に就寝。お昼まで寝て、起きたらテレビをつけボーっとする。気づいたら夕飯の時間。「今日一日ムダに過ごしてしまった……」と後悔しつつ、「もっと休みたかったな〜。明日、会社に行くのがイヤだな〜」なんて思いながら眠りにつく……。

こんな一日を過ごしていては、せっかくの貴重な休日がもったいないというものです。

休日こそ、仕事の質を高める絶好のチャンスです。

心身ともにリフレッシュし、翌週の仕事に備えて自分のベストコンディションをつくりあげる。これこそが、理想の休日の過ごし方です。

休日の過ごし方として心がけたいのは、たまった疲労とストレスを解消することと、疲弊した心の栄養補給をすること。

つまり、心と身体の両面をメンテナンスするのです。

外回りでひたすら歩く。オフィスでは一日中パソコン。仕事中このような同じ動作を繰り返していると、知らずしらずのうちに身体中のさまざまな筋肉が硬直し、疲労がたまっていきます。

そこでお勧めなのが、整体マッサージです。

できれば毎週、少なくとも月に一度は、両肩、腰、両脚あたりを入念にほぐしてもらいましょう。
頭痛、目の疲れ、内臓の不調などが回復したり、ギックリ腰などの予防にも効果があります。

一方、ストレス解消と心の栄養補給としては、適度な休息と自分磨きがポイントです。

まず、休息として気をつけたいのが、生活のリズムを一定に保つこと。
休みの日であっても、就寝時間と起床時間は普段の仕事の日と同じにする。
そうやっておくと、休み明けの出勤日に一日中ペースがつかめずに苦労することが少なくなります。

どうしても寝足りないという場合は、お昼寝を一、二時間程度とります。マッサージを受けながら軽く寝るというのもいいかもしれません。

また、仕事で忙しい毎日の中ではなかなか取り組めない自分磨きができるのも、休日ならではです。

自分磨きは、資格取得の勉強をしたり、本を読んで新しい知識を得るだけではありません。

流行のスポットに行って、最先端のセンスに触れてみる。

逆に、歴史のある建築物を訪れて、先人たちの偉大さに触れてみる。

あるいは、大自然の中で力強い生命力を感じる。

このような心の栄養補給も、いつか何かの形で仕事に役立ったりするものです。

画期的なアイディアがひらめいたり、インスピレーションが湧いてきたりして、仕事の質がワンランク、レベルアップするきっかけになったりします。

プロスポーツ選手は、充実したオフを過ごせたかどうかが翌シーズンの成績に影響すると言います。

私たちも同じように、翌週につながる休日となるよう、積極的に休日を活用したいものです。

Point

・休日には心と身体のメンテナンスをする。
・仕事のある日にはできない心の栄養補給に取り組もう。

どうせ人生の先は見えてる？

「このまま、この会社で働き続けていくことに不安を感じる……入社した頃は、早く一人前になろうとして積極的に仕事を引き受けて来た。そのおかげで、仕事にもだいぶ慣れた。しかし、今は仕事に刺激が感じられない……」

毎日、同じ仕事の繰り返しだと、誰だってこうなってしまうのは当然のことです。

頑張っても頑張っても、そこに喜びや楽しみが見出せないからです。

新人の頃は、仕事を覚えていく実感が喜びや楽しみとなります。

それがベテランになって、「この仕事はできて当たり前」という感覚になってくると、これまでのようには喜びや楽しみを味わえなくなってきます。

そして、この状態がこのままずっと続くような気がしてしまい、将来についての明るい見通しが持てなくなり、不安につながっていくのです。

では、こんなときはいったいどうすればいいのでしょうか？

まず言えるのが、このままの状態を続けるかどうかは自分次第だということです。

たとえば、もっと別の仕事を任せてもらえるように上司にお願いするとか、配置転換を申し出るとか、あるいは、会社を変わるとか、自分の行動によって現状を変えることはいくらでも可能です。

つまり、マンネリ化した毎日を変えるかどうかは自分の決断次第なのです。

　そんな当たり前のことを忘れてしまっているのは、マンネリな生活にどっぷりとつかってしまっているからです。

　喜びや楽しみはもちろん、つらいことも悲しいことも何も感じられない生活を続けていると、まるで抜け殻《がら》のようにやる気が持てなくなってしまいます。

　とは言っても、パワーダウンしている今は、なにか新しい行動をしようと思っても難しいかもしれません。

　そこで、自分にできるだけ小さな変化を起こすことから始めてみてください。

・いつも電車やバスを使っている一区間を歩いてみる
・街を散歩して季節の変化を感じてみる
・毎日頑張っているご褒美にエステやマッサージに行ってみる

こうやってちょっとずつ新しい刺激を自分に与えていくと、あるときふと気持ちが切り替わることがあります。

そうなったら、もう少し大きな変化を求めて、習い事を始めてみたり、スキルアップのためにセミナーに参加してみたり、興味のあることにチャレンジしてみましょう。新しい目標が見つかって、仕事にもプライベートにも張り合いが出てきます。

自分の人生の責任は自分にある。

この当たり前のことを思い出して、はじめの一歩を踏み出してみましょう。

おわりに

もう十分考えたから、一歩を踏み出そう

情報は、実践に生かしてはじめて自分の知識となります。

もし本書を読みながら「ここで言われていることはすでに知っているものばかりだ」と思ったとしたら、ぜひ自分自身を振り返ってみてください。

情報として知っているだけでなく、日頃から使いこなせているかどうか……。

「大丈夫。使いこなせている」と自信をもって言える人は、自分がもっとレベルアップするために、この本からさらに学ぶべきことはないのだろうかと、貪欲《どんよく》に探求してみてください。

知っているのと、できるのとでは違います。

情報を得るだけで生かしきれていない人は、もっともっと情報を得てからでないと行動してはいけないと思っているのかもしれません。

知らずしらず、次のように考えていないでしょうか？

・行動しても、それがうまく結果に結びつかなければやるだけムダだ
・失敗に終わったとしたらつらい思いをするので、それなら行動しないほうがマシだ
・まだまだ心の準備ができていない。行動を起こしてもうまくできる自信がない

行動するというのは、現状を変化させるということ。

変化は、今の自分にとって未知のものです。

未知であるがゆえに、不安を感じ、躊躇《ちゅうちょ》し、ついつい現状維持を選択してしまう。

行動して成果を得るよりも、完璧な準備をすることが目的になっていないでしょうか？

もしかすると、なかなか行動を起こせない人は、「考えれば考えるほど、いい答えが見つかる」という思い込みに縛られているのかもしれません。

人間ですから、誰だって失敗は避けたいと思うもの。

もちろん、思いつくまま無鉄砲に行動してしまうのも考えものです。

でも、考えすぎて行動しないのも、また別の意味で問題です。


人生で大切なのは、失敗しないように完璧に準備することよりも、仮に失敗したとしても、それを糧《かて》にしながら自分の理想にたどり着くことではないかと思います。


そもそも、何のために自分の心を鍛えてレベルアップするのでしょうか？

それは、逆風下でも折れない心を手に入れるだけでなく、順風のときでもおごったり気負ったりせず、表面的には穏やかでも、その裏では気力がみなぎっているような、安定した心を常に持ち続けられるようになるためではないかと私は思っています。


そんな理想の心を手に入れるには、自分の心の動きを見つめつつ、行動することが肝心です。

へこんだとき、つらいとき、ある程度は考える時間をつくり、そして、だいたい考えたなと思えたら、こう自分に語りかけてみてください。

もう十分考えたのだから、そろそろ行動に移そう、と。

チャレンジがうまくいくときもあれば、うまくいかないときもあるでしょう。

でも、どんな経験であっても、それは必ず心の成長につながっているのです。

笹氣健治

本書は２００９年に大和書房より刊行された
「へこんだとき、つらいとき　３分で立ち直る方法」を加筆・修正したものです。

笹氣健治（ささき・けんじ）
心理カウンセラー。株式会社グラン・スポール代表取締役。国際基督教大学教養学部卒業。NTTで法人営業と広告企画を経験した後、地元の仙台に戻ってスポーツクラブ経営に携わる。企業を経営する上で人間心理を理解する必要性を痛感し、元横浜国立大学准教授の堀之内高久氏（現メンタリング研究所スーパーバイザー）に師事して心理カウンセリングを学び、現在は、頑張っている人が抱える悩みの解消をテーマに、講演、カウンセリング、メンタルトレーニングを行う。
『「やる気」のある自分に出会える本』（スリーエーネットワーク）、『仕事の悩みを引きずらない技術』（PHP研究所）他、著書多数。
ホームページ　http://www.1po.jp

3分で立ち直る方法

2016年10月4日　第1刷発行

著者　笹氣健治
装丁　大場君人
イラスト　小寺練
発行者　山本周嗣
発行所　株式会社文響社
〒105-0001　東京都港区虎ノ門1-11-1
ホームページ　http://bunkyosha.com
お問い合わせ　info@bunkyosha.com
印刷　株式会社光邦
製本　大口製本印刷株式会社

ISBNコード：978-4-905073-58-1　Printed in Japan　
この本に関するご意見・ご感想をお寄せいただく場合は、郵送またはメール（info@bunkyosha.com）にてお送りください。